Tucholsky Wagner Zola Scott Sydow Freud Schlegel
Turgenev Wallace Fonatne
Twain Walther von der Vogelweide Fouqué Friedrich II. von Preußen
Weber Freiligrath
Fechner Weiße Rose von Fallersleben Kant Ernst Frey
Fichte Richthofen Frommel
Engels Fielding Hölderlin Tacitus Dumas
Fehrs Faber Flaubert Eichendorff
Eliasberg Ebner Eschenbach
Feuerbach Maximilian I. von Habsburg Fock Eliot Zweig
Ewald Vergil
Goethe Elisabeth von Österreich London
Mendelssohn Balzac Shakespeare Dostojewski Ganghofer
Trackl Lichtenberg Rathenau Doyle Gjellerup
Mommsen Stevenson Tolstoi Hambruch
Thoma Lenz Hanrieder Droste-Hülshoff
Dach Verne von Arnim Hägele Hauff Humboldt
Reuter Rousseau Hagen Hauptmann Gautier
Karrillon Garschin
Damaschke Defoe Hebbel Baudelaire
Descartes Hegel Kussmaul Herder
Wolfram von Eschenbach Dickens Schopenhauer Rilke George
Bronner Darwin Melville Grimm Jerome
Campe Horváth Aristoteles Bebel Proust
Bismarck Vigny Barlach Voltaire Federer Herodot
Gengenbach Heine
Storm Casanova Tersteegen Grillparzer Georgy
Chamberlain Lessing Langbein Gilm
Brentano Lafontaine Gryphius
Strachwitz Claudius Schiller Schilling Kralik Iffland Sokrates
Katharina II. von Rußland Bellamy
Gerstäcker Raabe Gibbon Tschechow
Löns Hesse Hoffmann Gogol Wilde Vulpius
Luther Heym Hofmannsthal Gleim
Roth Klee Hölty Morgenstern Goedicke
Luxemburg Heyse Klopstock Homer Kleist
Puschkin Mörike Musil
Machiavelli La Roche Horaz
Navarra Aurel Musset Kierkegaard Kraft Kraus
Nestroy Marie de France Lamprecht Kind Kirchhoff Hugo Moltke
Laotse Ipsen Liebknecht
Nietzsche Nansen
Marx Lassalle Gorki Klett Ringelnatz
von Ossietzky May Leibniz
vom Stein Lawrence Irving
Petalozzi Platon Knigge
Sachs Pückler Michelangelo Kafka
Poe Kock
de Sade Praetorius Liebermann Korolenko
Mistral Zetkin

Herz! Aufglühe dein Blut

Heinrich Lersch

Impressum

Autor: Heinrich Lersch
Umschlagkonzept: toepferschumann, Berlin

Verlag: tredition GmbH, Hamburg
ISBN: 978-3-8495-3105-8
Printed in Germany

Text der Originalausgabe

Heinrich Lersch

Herz! Aufglühe dein Blut

Gedichte im Kriege

Verlegt bei Eugen Diederichs in Jena
1916

Heinrich Lersch
Herz! Aufglühe dein Blut
Gedichte im Kriege

Fünftes bis siebentes Tausend

Verlegt bei Eugen Diederichs in Jena
1916

Heinrich Lersch, der Sänger des deutschen Krieges

von Julius Bab

Ich weiß wohl, daß es einigermaßen kühn ist, einen einzigen aus der ungeheuren Schar der deutschen Kriegspoeten herauszugreifen und ihn mit überragendem Ehrentitel zu nennen »den Sänger des deutschen Krieges«. Aber gerade weil es das Schicksal gewollt hat, daß ich die Tausende und Millionen deutscher Kriegsgedichte, die begabten und die unmöglichen, die dilettantischen und die artistischen, die widerlichen und die liebenswürdigen, die künstlerischen und die gewerblichen, in ihrer ganzen unermeßlichen Menge vollständiger sammeln und prüfen mußte, als die meisten andern Zeitgenossen, gerade deshalb wage ich es, und nenne diesen einen, Heinrich Lersch, und nur ihn: den Sänger des deutschen Krieges! Das reinste und stärkste Geschenk, das die singende Kraft der deutschen Volksseele auf die ungeheure Ansprache des Kriegs hergab. Gewiß, ein paar von Deutschlands starken Dichtern, die wir schon vorher ehrten, Dehmel, Dauthendey, Hesse und andere, haben jeder von seiner besonderen Lebenssituation aus ein paar mächtige Verse, auch liedhafte sind darunter, zum Kriege gegeben; merkwürdige Talente, wie der fast allzu kunstreiche phantasievolle Balladendichter Albrecht Schäffer, der großzügig leidenschaftliche eisernsachliche Rhetoriker Josef Winckler, der visionär-pathetische Leo Sternberg, wie Karl Bröger, der mit edlem Pathos die Gesinnung des deutschen Arbeiters formt, sind hervorgetreten; von manchen, wie von dem schon gefallenen Hugo Zuckermann, ist ein einzelnes Lied weit durch das Volk geflogen – aber ich weiß nur einen, der als ein neuer Dichter, und zwar nicht als Erzähler und Redner, sondern als Sänger im innersten Sinn des Wortes und als Sänger mehr als eines Liedes uns vom Kriege neu geschenkt worden ist, und das ist Heinrich Lersch.

Bei Kriegsausbruch lief ein Lied von Heinrich Lersch durch alle deutschen Blätter und tief in das Volk hinein. Das war der »Soldatenabschied« mit dem Kehrreim »Deutschland muß leben, und wenn wir sterben müssen«. Diese sehr starke und ganz schlichte Volksweise, entstanden am ersten Mobilmachungstage, blieb aber nicht, wie das bei ähnlichen erfolgreichen Liedern gar nicht selten ist, ein vereinzeltes Geschenk, das eine übermächtige Stunde einmal in ein sonst künstlerisch schwaches Gemüt legte. Es folgten kleine Hefte mit andern Gedichten von Heinrich Lersch, die bewiesen, daß hier nur das erste Aufzucken einer großen und breitbrennenden Flamme war, es folgten Gedichte, die in vollkommener Liedhaftigkeit dem berühmten »Soldatenabschied« nicht nachstanden und ihn an inhaltlicher Wucht, an sinnlicher Anschauungskraft noch weit übertrafen. Es wurde offenbar, daß in Heinrich Lersch wirklich ein großes, singendes Talent mitten aus dem Volk getreten war, vom Kriege gerufen. Heute, wo der junge Dichter im Verlage Eugen Diederichs seine Liederheftchen zu einem stattlichen Bande zusammenfaßt mit dem Titel »Herz! Aufglühe dein Blut« – heute ist es schon erlaubt und geboten, von der Gesamtansicht dieses noch durchaus unausgereiften, aber gerade deshalb größter Hoffnung zureifenden Talents sich einen Begriff zu machen.

Von Heinrich Lerschs Privatperson sind nur drei Dinge zu wissen gut: Er ist Katholik vom Niederrhein; er war bis vor Kriegsausbruch Arbeiter, Kesselschmied; er ist Soldat gewesen, hat die schreckliche Winterschlacht in der Champagne mitgemacht und wurde verwundet. –

Von seinem Katholizismus spreche ich deshalb, weil er in diesem Dichter offenbar eine durchaus lebendige Kraft ist und dann, wie es sich beim Religiösen von selbst versteht, die tiefste, die alles bewegende, den Stoff lösende, die Form bildende Kraft. Das ist aber nicht etwa so zu verstehen, als ob diese Poesie nun voll und widerstandslos nur für Katholiken zu genießen wäre; sie ist nicht an die katholische, nicht einmal an die christliche, überhaupt nicht an irgendeine kirchlich abgegrenzte Konfession gebunden. Nur in einigen wenigen Wendungen verrät es sich, daß es der besondere katholische Weg war, auf dem Lersch zu dem innersten Gott- und Weltgefühl hinabstieg, das allen Religiösen, d. h. wohl allen wahrhaften Menschen, gemein ist. Daß er religiös empfindet, d. h. daß ihm keine Erscheinungen einzeln, sondern alle in einen großen, heiligen, geheimnisvollen Weltzusammenhang gestellt sind, das gibt seinem Gefühl die Tiefe, aus der das klingende, das singende Wort aufsteigt, das hebt ihn über alle noch so starke Rhetorik, noch so leidenschaftliche Parteinahme, noch so starke Anschauung hinaus, das macht ihn zum Sänger. Denn nur im Weltmittelpunkt wohnt

Gesang. – Schon jenes erste Lied, das Lersch bekannt machte, schlägt den Ton an:

Uns ruft Gott, mein Weib, uns ruft Gott!
Der uns Heimat, Brot und Vaterland geschaffen,
Recht und Mut und Liebe, das sind seine Waffen,
uns ruft Gott, mein Weib, uns ruft Gott!
Wenn wir unser Glück mit Trauer büßen:
Deutschland muß leben, und wenn wir sterben müssen!

Und in sehr vielen Gedichten klingt es dann wieder, daß Gott für Lersch die Summe all der Freuden, die man kennt, aber auch der Inbegriff aller Schmerzen und Leiden ist, durch die und in denen der Mensch reift. Deshalb ist für ihn das Vaterland als Herrlichste Offenbarung Gottes heilig, und Kampf für diese Heimat göttliches Gebot. Aber die Tiefe seines religiösen Gefühls bewahrt Lersch durchaus davor, seinen Gott zu einem Nationalgott herabzudrücken, der parteiisch die allein gerechte Sache führen soll. Ein Gedicht im Schützengraben ruft den »Kamerad Franzos«, auf den er eben geschossen hat, an:

Ich bin dein Bruder ja, bin dein Genoß;
wir sind erlöst durch eines Gottes Blut.

Dieser Gott aber stößt nicht von außen die Welt; er hält sie mit all ihrem Kampf und Streit in sich und bricht deshalb mit all seiner Liebe nicht das Naturgesetz:

Es muß so sein. Es wächst wie Gras und Baum
der Menschheit strebend Volk sich hin zum Licht;
zwei gleiche Bäume stehn zusammen nicht,
der eine frißt des andern Licht und Raum.

Diese harte, von keinem schwärmerischen Gefühl verwischte Klarheit geht in einem Gedicht, in dem die Soldaten mit Schüssen beten, mit Granaten Rosenkränze schlingen, mit Erwürgen Hände falten, bis an die Grenze des zynisch Verzweifelten – aber nur bis an

die Grenze: denn dies Gedicht von »Gottes Henkersknechten«
schließt doch mit einem ganz merkwürdig positiven Aufschwung:

> »Und wir kreuzigen die Liebe,
> daß sie euch erlösen soll.«

Hier bricht mit wirklich prophetischer Kraft der altchristliche Ge-
danke von der erlösenden Kraft des Leides durch: Der Gedanke,
dem Hebbel in seiner »Genoveva« nachsann, wie die Menschheit
gerade durch den »Mord an Gott« erlöst werden konnte, er findet
hier im Grauen des Krieges, an dessen Äußerstem sich die Unzer-
störbarkeit der Liebe erproben soll, eine neue Fassung. Und so kann
der Gott, der auf allen Seiten und in allen Schlachten sein heiliges
Dasein lebt, mitten »im Artilleriefeuer« gelobt werden:

> Gott, dich lobt nun sein Tod, das Grauen, die Not und
> der Schmerz,
> so groß bist du selbst in des Menschen elendem Herz;
> du bist in der Treue, du bist im Harren, im Sieg,
> dich lobt das Leben, der Tod, die Schlacht und der
> Krieg.

Ich glaube, daß es diese religiöse Grundstimmung, diese immer
zitternde Bezogenheit auf den immer schwingenden Mittelpunkt
der Welt ist, durch die Lersch im Gegensatz zu andern begabten
Poeten des deutschen Krieges ein wirklicher Sänger, ein Liedersän-
ger geworden ist. Denn das körperliche Gegenbild seiner geistigen
Religiosität scheint mir im Ästhetischen sein außerordentlich musi-
kalisches Talent, seine Fähigkeit, immer neue und immer fortrei-
ßende Rhythmen zu finden. Er machte aus dem Stampfen eines
Eisenbahnzuges einen unvergleichlich fortreißenden Takt. Er bringt
den Voransturm eines ganzen Heeres in Klang. Er trifft ebenso si-
cher ein scherzhaft tändelndes Soldatenliedchen wie den wuchtigen
Marschtritt von Kolonnen; seine Sprache löst sich über den Massen-
gräbern in eine rhythmisch taumelnde Prosa auf und strafft sich in
der feierlichen Ergriffenheit der »Rückkehr aus dem Kriege« fast zu
einem antiken, an Hölderlin gemahnenden Pathos. Und dabei hat er
eine Fähigkeit, im durchgehaltenen Rhythmus eines Liedes doch zu
variieren und zu steigern, daß ihm das sehr schwer zu handhaben-

de Mittel des echten Liedes: die gleiche wiederkehrende Zeile am Anfang oder Ende der Strophe, meist die allervollkommensten Dienste tut.

Diese Kraft der Steigerung ist natürlich nur möglich, weil ihm die andern außermusikalischen Mittel des Dichters, die Fähigkeit, Sinnbilder zu sehen und zu finden vor allem, wie nur einem wahrhaft großen Talent zu Gebote stehen. In jenem Gedicht, das im Eisenbahnrhythmus hinbraust, wächst der Soldat, der mit Kreide an die Wagenwand schrieb: »Hoch! Von der Heimat in den Tod. Hurra!« zu einer Gesamtgestalt des ganzen deutschen Heeres auf. Und in den erschütternden Klängen jenes Gedichts, das von den Zuhausegebliebenen handelt, trifft der »leere Stuhl am Tisch«, von dem der »Tod zu höhnen« scheint, ins Herz des ganzen Heimatlebens im Kriege. Wie schön ist der schwarze Sehnsuchtsvogel aus der Heimat erfunden, der sich über den Massengräbern singend auflöst, – wie schön der Tod, der am Morgen vor der Schlacht das lange Lied singt mit den Namen all derer, die fallen sollen. Wie ergreifend gesehen und gefühlt ist jene tragische glückliche Zuversicht, mit der gerade der Todgeweihte am »Letzten Tag« das Leben umfängt: »Die Freunde wundern sich, wie schön der stirbt«.

Es ist selbstverständlich, daß Lersch diese großen Anschauungen uns nur fühlbar machen kann, weil er über das eigentlichste engste Material des Dichters, die Sprache, in der Weise der wahrhaft Begabten verfügt, weil in jeder seiner Wortverbindungen Bilder und Anschauungen wohnen. Gerade hier freilich ist die Unreife seines literarisch gar nicht geschulten Talentes leicht zu zeigen: Er geht, zumal in einigen Schauerballaden, hier und da noch mit einem trivialen, im schlechten Sinne volksmäßigen Pathos mit; er setzt zuweilen vor lauter Sachlichkeit die bare Prosa mitten in seine Verse. Aber wie groß und rein klingt das Pathos freudigen Erschreckens in einer Zeile, wie: »Mir sprang das Blut aus allen Herzenstiefen« – und wie fruchtbar wird für das Gefühl gerade im Pathos jener Rückkehr-Ode eine schlicht-wirkliche Bahnhofsszene:

O du glückliches Städtchen, dich grüß ich von deinen
Söhnen aus fremdem Land!
Ihre Grüße glänzen aus meinen Augen, ihr Blick war
sehnend Beneiden.

»Grüß unser Deutschland, die Heimat!« So sagten sie
mir beim Scheiden,
drückend die Hand mir, winkten mir nach, bis unser
Zug entschwand.

Die sichere Verfügung über eine Menge lebendiger eigener An-
schauungen, die ja immer eines Künstlers letzten wichtigsten Fonds
ausmachten, sie sind bei Lersch daher so bedeutend, weil er gar
nicht vom Schreibtisch, sondern aus der Fabrik und aus der
Schlacht kommt – deren Zusammenhang in einer mit ständigen
Variationen fortgeführten Lebensschlacht er übrigens sehr stark
empfindet. Er kann das Wüten der großen französischen Durch-
bruchsschlacht durch einen stark durchgeführten Vergleich mit
einer riesigen Kesselschmiede höchst anschaulich machen, kann
den Granatendreher oder den Weber aus den Bildern ihres Hand-
werks heraus den Krieg begreifen und besingen lassen. Er kann aus
den schwersten Soldatenstunden so furchtbar anschauliche Bilder
geben, wie:

»Wie schießen wir, nur gezielt, nur gezielt,
als würd nur mit ledernen Puppen gespielt.«

Und er kann aus eigenster Erfahrung die Schilderung der Hölle
im Trommelfeuer gipfeln lassen, in dem Verzweiflungsgebet um ein
Erdbeben oder eine tiefe Nacht –

Um so große Not, die allem Streit und Haß
zwischen den Menschen ein Ende macht.

Und das mörderische Erlebnis bleibt so fieberhaft wach in ihm,
daß die Nachricht von der neuen, der Herbstschlacht im Westen
ihm eine »Erinnerung« auslöst, die mit der Gegenwart des Lazaretts
kaum noch scheidbar ineinanderfließt.

Weil er so ganz aus der erlebten Wirklichkeit und aus dem tiefen,
Wirklichkeit deutenden religiösen Gefühl kommt, hat Lersch so gar
nichts von den Phrasen, dem Literatenpathos, das bei so vielen
Leuten von schwachem Erleben Gefühl und Geist ersetzt. Vor allen
Dingen der zeitungsmäßige Haß auf den bösen, gemeinen Feind ist

ihm ganz fremd. Die Größe des Krieges erschüttert ihn gerade deshalb, weil er im Franzosen den Schicksalskameraden spürt, der auch »für seines Tuns Gerechtigkeit sieht«, und weil er weiß: »Es hat ein jeder Toter des Bruders Angesicht«. Und wie das tragisch gewandte Gefühl der Menschlichkeit, so verläßt diesen der Pflicht ernst hingegebenen Krieger doch auch die leidenschaftliche Friedenssehnsucht nie. Mit dem Frühling der Natur erwacht sie doppelt in ihm. Im Mai bekennt er: »Nichts ist so bitter auf der Welt, als jetzt Soldat zu sein«, und das erschütterndste seiner Gedichte ist vielleicht das von dem Kameraden, der nach einem treu und stumpf getragenen Kriegswinter vom ersten Lerchenlied rettungslos in Traum und Trauer geschleudert wird:

> »Er hörte auf kein Kommando, nicht, wenn ein Schrapnell zersprang,
> kein Schießen, kein Stürmen, kein Rufen – nur: daß die Lerche sang.«

Und so steigt ihm auch mitten aus der Nacht des wütenden Artilleriekampfes die fast apokalyptische Vision des verzweifelnden Christus auf, der sich zwischen den feindlichen Gräben erhängt und durch diesen neuen Opfertod die Kämpfer hüben und drüben hinreißt, sich in einem Sturm, einer Raserei, einer Orgie des Friedensjubels zu umarmen.

Ich glaube, daß dieser stärkste Sänger, den die Erschütterung des Krieges aus der Mitte und der Tiefe unseres Volkes emporgehoben hat, in seiner Frömmigkeit, in seiner Wahrhaftigkeit und nicht zum wenigsten in seiner nie versagenden Menschlichkeit im besten und tiefsten Sinne ein Deutscher ist, und daß wir Deutschen stolz sein können, daß dieser treue und begeisterte Soldat, dieser kräftige und wahre Arbeiter, dieser reine und fromme Christ als unser schlichtester und stärkster Sänger sein größtes Kriegslied mit den Worten schließt:

> »Ich hör das Friedenslied die Kugeln singen.«

> In dir, Leser,
> pulst Leben, Stolz und Liebe

genau wie in mir.
So seien auch dir diese Lieder geweiht.

Walt Whitman

Heilige Flamme! Glüh!

Die heilige Flamme

Reines Feuer unsrer Seele!
Nur dem reinsten Ziel geweiht,
nährst du dich aus heilgen Gluten,
Gott, aus dir, seit Ewigkeit.

Wir, aus Erde, staubgeboren,
sind von heiliger Lust durchbebt
durch das Licht der reinen Sehnsucht,
das aus deinem Wesen lebt.

Was von deinen Erdgeschenken
du uns gabst, ward heilig Gut:
Weib und Bruder, Volk und Freiheit,
heilig durch der Liebe Glut.

Nur was irdisch und vergänglich,
senkt sich dem Verderben zu.
Aber du, du heilige Flamme,
unsre Sehnsucht, glühe du!

Soldatenabschied

Laß mich gehn, Mutter, laß mich gehn!
All das Weinen kann uns nichts mehr nützen,
denn wir gehn das Vaterland zu schützen!
Laß mich gehn, Mutter, laß mich gehn.
Deinen letzten Gruß will ich vom Mund dir küssen:
Deutschland muß leben, und wenn wir sterben müssen!

Wir sind frei, Vater, wir sind frei!
Tief im Herzen brennt das heiße Leben,
frei waren wir nicht, könnten wirs nicht geben.
Wir sind frei, Vater, wir sind frei!
Selber riefst du einst in Kugelgüssen:
Deutschland muß leben, und wenn wir sterben müssen!

Uns ruft Gott, mein Weib, uns ruft Gott!
Der uns Heimat, Brot und Vaterland geschaffen,
Recht und Mut und Liebe, das sind seine Waffen,
uns ruft Gott, mein Weib, uns ruft Gott!
Wenn wir unser Glück mit Trauern büßen:
Deutschland muß leben, und wenn wir sterben müssen!

Tröste dich, Liebste, tröste dich!
Jetzt will ich mich zu den andern reihen,
du sollst keinen feigen Knechten freien!
Tröste dich, Liebste, tröste dich!
Wie zum ersten Male wollen wir uns küssen:
Deutschland muß leben, und wenn wir sterben müssen!

Nun lebt wohl, Menschen, lebet wohl!
Und wenn wir für euch und unsere Zukunft fallen,
soll als letzter Gruß zu euch hinüberhallen:
Nun lebt wohl, ihr Menschen, lebet wohl!

Ein freier Deutscher kennt kein kaltes Müssen:
Deutschland muß leben, und wenn wir sterben müs-
sen!

Reifezeit

Ein Erntetag über deutschem Land:
In Reihen die Schnitter stehn,
den Nacken gebeugt. Und die Arme gehn,
und die Sense surrt und die Sense klingt –
und Schnitt auf Schnitt eine Garbe sinkt.
Jetzt falle, Frucht! Jetzt werde, Brot!
Zwischen Saat und Ernte, du mühvolle Zeit!
Wir haben die Arbeit dem Leben geweiht.
Der Tag versinkt in das Abendrot:
Ein Erntetag über deutschem Land.

Ein Erntetag über deutschem Land:
Durch die Felder bricht eine trotzige Schar
mit gebräuntem Gesicht und blondem Haar.
In treublauen Augen Wehmut und Zorn:
Da liegt unser Weizen, da liegt unser Korn!
Wer schneidet dich, Frucht, wer erhält dich, Brot?
Nun hüte dich, Feind! Wir sind bereit
in der friedlichen Ernte zum Freiheitsstreit:
Wir geben den Schweiß und das Blut so rot –
für den Erntetag dem deutschen Land.

Ein Erntetag über deutschem Land:
Nun gegen den Feind, der in einer Nacht
uns mit seinem Hasse zu Kriegern gemacht.
Aus vierzig Jahren Frieden die Kraft
wächst auf für Deutschland in Leidenschaft;
jetzt reife zur Frucht, du Zeit heilger Not!
Du Gott des Friedens, zu dem wir vertraut,
laß uns deine Stärke, auf die wir gebaut.
Deutschland, d i e Ernte gibt blutiges Brot
von deinem doppelten Erntetag!

Glocken, die zum Beten läuten

Kommt, wir wollen wieder beten lernen,
rufen Gott und sehen zu den Sternen
gläubig, wie zum Heiland wir geschaut als Kind.
Glaubten, durch uns selber fest zu stehen,
und nun müssen wir mit Schmerzen sehen,
daß wir doch nur arme Menschen sind.

O, Gott gab uns diese seine Erde,
daß sie ihm zum Lob und uns zum Heile werde,
bis wir ruhen einst in seinem Schoß.
Gab uns höchste Lust und tiefste Leiden;
wuchsen wir nicht hin zu ihm in Freuden,
macht er uns in Kampf und Schmerzen groß.

Vierzig Jahre Frieden ließ er uns genießen,
vierzig Jahre Segen auf uns fließen,
und nun zeigt er uns, wie groß es Leiden gibt:
Wenn wir tot und krank und elend die erkennen,
die wir Vater, Bruder oder Liebster nennen,
die wir heiß ein Leben lang geliebt.

Jetzt erst fühlen wir das bittre Trauern
und die Seele tief in Angst erschauern,
wenn wir erst dem Tod ins Auge sehn.
Wenn die Kunden von den Schlachten melden,
wenn wir erst vor den zerschoßnen Helden
in den Lazaretten stehn.

Und wir wähnen: die Gewehre knallen,
und wir sehen die Getroffnen fallen,
tot, zerrissen oder sterbenswund.
Sehn geliebte Augen einsam brechen,
hören letzte Worte stöhnend sprechen
einen heißgeliebten Mund.

Und wir gehn in unsern festen Städten,
essen, trinken, schlafen wohl in Betten,
und die Krieger liegen hart im Feld.
Und wir wehren düstre Bilder weg im Dunkeln,
sehn den Mond im stillen Lande funkeln:
Wie so ruhig ist um uns die Welt!

Kommt, nun laßt uns beten gleich den Kindern,
Gott allein kann alles Elend lindern,
und wir sind im Glück so weit von ihm gekehrt.
Gott, du halfst uns unser Glück bereiten,
hilf uns auch, für unser Glück zu streiten,
wie dein eignes Sterben es uns hat gelehrt.

Sieh, o Gott, wir folgten deinem Rufe,
leg Erlösung, Freiheit auf die erste Stufe
des Altars, vor dem wir kniend flehn,
und daß wir erkennen, wie in deinen
Leiden Segen unsrem Leben möge scheinen.
Kommt, o kommt, und laßt uns beten gehn!

Der deutsche Soldat

Für Hans Leifhelm

Es rauscht ein Truppenzug den Schienenstrang hinan.
Ein stolzes Brausen der Lokomotiven:
Zum Kampf und Siege führt euch unsre Bahn.
»Zur Schlacht, zur Schlacht!« die jungen Kehlen riefen.
Die Sprüche an den Wänden sahn mich an;
mir stieg das Blut aus allen Herzenstiefen,
als ich die halbverwischte Inschrift sah:
Hoch! Von der Heimat in den Tod. Hurra!«

Wer bist du, Bruder, daß du dieses schriebst?
Ich möcht in Ehrfurcht dir die Hände küssen,
wie du in frohem Stolz dein Leben gibst
und heiter lächelst diesem heilgen Müssen.
Im fremden Land, dem du entgegentriebst,
sahst du dich, todeswund, die Erde küssen –
dein Herz im Tod dem Vaterlande nah:
»Hoch! Von der Heimat in den Tod. Hurra!«

Ein Held schon warst du, eh die Schlacht dir sang
das grause Lied von Tod und rotem Blute.
Du zwangst den Tod, noch eh er dich bezwang,
du stürmtest ihn mit deinem Heldenmute.
Komm nun, was kommt! Nichts ist dein Untergang.
Tod ist dir Sieg und nicht des Schicksals Rute!
Unsterblichkeit dir, wenn dir Tod geschah!
»Hoch! Von der Heimat in den Tod! Hurra!«

Und wenn du einst als Sieger wiederkehrst,
wird neues Leben dich mit Lust umfassen.
Lehr Brüder leben, wie du sterben lehrst,
lehr lieben sie, wie du sie lehrtest hassen.
Wenn du auf deutschem Gleis zur Heimat wieder

fährst,
will ich dein Lied verändert klingen lassen:
Aus Not und Tod als Sieger seid ihr da:
Aus Not und Tod zur Heimat. Hoch! Hurra!

Das Heer

Stürme vor! stürme vor! du deutscher I n f a n t e r i s t.
Hei, wie dein jauchzender Sturm die feindlichen Rei-
hen zerfrißt!
Niedergebrannt und zersprengt flüchtet das weichende
Korps,
deine zerfetzte Fahne weht vom eroberten Fort:
Stürme vor! stürme vor!

Brenne hinein! brenne hinein! du deutscher K a n o -
n i e r.
Lüttich fiel, Namur fiel, nichts hält sich vor dir.
Doppelt bereit, denn jetzt geht es nach Frankreich hin-
ein,
richte das Rohr; wo es am stärksten soll sein:
Brenne hinein! brenne hinein!

Fliege voran! fliege voran! du deutsche K a v a l l e r i e.
Weit ins Land der Feinde! Zeig dich, erschrecke sie!
Künde den deutschen Mut, den nichts schrecken kann,
künde die Kraft, die Deutschland im Frieden gewann:
Fliege voran! fliege voran!

Stehe fest! stehe fest! du deutscher M a r i n e s o l d a t.
Am Geschütz, im Gefecht, im Heizraum, am Steuerrad.
Stark selbst wie sein Schiff, das er dem Feinde nicht
läßt,
dem selbst nicht der sichere Tod die herrliche Treue
zerpreßt:
Stehe fest! stehe fest!

Gott mit uns, deutsches Heer: Infantrie, Kanonier,
Kavallerie, Train, Marine und Pionier:
Jeder ein Held, zusammen das deutsche Schwert,
das, wenn man es ruft, wie ein Blitz niederfährt!
Gott mit uns! Gott mit uns!

Für unser Recht! Bald bist du Knecht! Unser Feind!
Gottes Zorn jagt unser Blut, solang seine Sonne scheint.
Kennt ihr den droben nicht? Wenn wir mit ihm uns be-
frein,
euer Nichts, unser Sieg, soll ihm ein Danklied sein!
Durch unser Recht!

Nun faß an das Gewehr, faß an, deutscher Soldat!
Musketier, Leutnant und Prinz: Blutbruder, Kriegska-
merad.
Nun wieder gegen den Feind, der sich von neuem dir
stellt,
Bis einst der letzte Schuß und die letzte Festung fällt:
Nun faß an das Gewehr!

Deutschland voran! Durchs Land der Feinde hin
kämpf dich zu Fuß und zu Roß, über dir Zeppelin,
steige auf, steige auf! Unser Vogel Phönix du,
höher hinauf, jauchze den Völkern zu:
Deutschland voran!

Soldatenliedchen

Nun sind die Soldaten ins Frankreich gezogen
und sangen sie lustig, sie Habens nicht gelogen!
Warum?
Ja, darum:
Sie ließen die Sorgen und Ängste zu Haus,
und die Lieben weinen die Augen sich aus.

Und warum die Frauen und die Mädchen weinen,
als sollt in ihrem Leben keine Sonne mehr scheinen?
Warum?
Ja, darum:
Sie nahmen allen Mut, der in Deutschland soll sein,
mit Singen und Jauchzen ins Frankreich hinein.

Die deutschen Soldaten, die euch alle lieben,
haben den Franzosen die Rechnung ausgeschrieben.
Warum?
Ja, darum:
Für jede Träne, die unsere Frauen verlieren,
müssen tausend Franzosen gen Himmel spazieren.

Ihr Frauen und Mädchen habt die Herzen offen.
Wir glauben, dann habt ihr das Rechte getroffen.
Warum?
Ja, darum:
Jetzt nehmen sie allen Mut aus Franzosenherzen heraus
und schicken ihn mit der Feldpost in euer Haus.

Ballade

Die Nacht ist so dunkel, der Sturm geht so laut,
all die Sterne sind tot und verweht.
In Deutschland steht eines Soldaten Braut
am Fenster und sinnt ein Gebet.

Und die Wolken wandern, die Wolken fliehn,
der Regen zur Erde fließt.
O sagt, ihr Wolken, wo saht ihr ihn,
der mein Leben, mein Alles ist?

Ihr Wolken wißt nichts von unserm Weh.
Daß er tot, das glaube ich nie –
ich fühle es, wenn ich zur Kirche geh,
es schützt ihn die Jungfrau Marie.

Er sagte es mir, als er Abschied nahm:
Die heilige Maria schützt mich.
Und es steht in dem Brief, der gestern kam:
Sie wahrt und sie schützt mich für dich.

Der Mond sieht hoch überm Feindesland
in einer sternklaren Nacht.
Tief in Frankreich man einen Soldaten fand,
der erschossen ward auf der Wacht.

In der Rechten hielt er sein blankes Gewehr,
in der Linken einen Brief an sie.
Mit der letzten Kraft darunter schrieb er:
Bald grüßt mich die Jungfrau Marie.

Sein Haupt sank zurück, und still stand sein Herz,
sein junges Leben ging hin –
seine Augen schauen noch himmelwärts,
und die Sterne spiegeln sich drin.

Wir

In der Heimat

Seit ihr mit feuchtem Blick und stolzem Liede gingt,
ganz anders uns zu Haus das Licht der Sonne blinkt.
Wie voller Rosen Blühn war sonst das Morgenrot,
jetzt deuten wir es Blut und Kampf und Sieg und Tod.
Am Tag der Regen fällt, ein dichtes Dach uns schützt,
wir denken immer nur, daß euch kein Schützen nützt.
Und wenn der späte Blick nachts an die Sterne fliegt,
wir sehn, wie ohne Dach ihr unterm Himmel liegt.
Und jeder Windstoß, der spät unser Haus umdrängt,
mit allen Schauern kalt in euren Kleidern hängt.

Seit ihr mit feuchtem Blick und stolzem Liede gingt,
der leere Stuhl am Tisch uns neu Gedenken bringt.
Der bleibt euch frei, bis ihr einst heimkehrt sieggekrönt,
ob manchmal uns daher der Tod entgegenhöhnt.
Uns ist in jedem Trank, der in die Becher fließt,
als tränken wir das Blut, das ihr um uns vergießt. –
Aufschlägt das heiße Herz, wenn uns die Not umfaßt,
daß wir noch nicht genug geliebt und nicht gehaßt;
geliebt euch, Brüder, nicht, danach die Sehnsucht geht,
gehaßt noch nicht genug den Feind, vor dem ihr steht.

Seit ihr mit feuchtem Blick und stolzem Liede, gingt,
uns eine neue Pflicht durch unsre Seele dringt:
Für jedes deutsche Herz, das ferner für uns bricht,
zehn sollen auferstehn, die halten neu Gericht;
in denen Zorn erglüht, der hell zu Taten loht
für jeder Witwe Leid, um jeder Waise Not.
Für jede Kugel, die ihr richtig Ziel verfehlt,
sind hundert, Feind! merk dir, von neuem aufgezählt.
Und fehlten zu Granaten das Eisen und der Stahl,
aus unsrer Siegesbeute wir gössen das Metall.

Seit ihr mit feuchtem Blick und stolzem Liede gingt,
wir merken uns das Lied, das diese Zeit uns singt:

Wir Deutsche wollen nicht klein und bezwungen stehn,
solang wir noch mit Stolz auf unsre Fahnen sehn,
solang wir unsre Sprache, die deutsche, nicht verlernt,
solang aus unsern Herzen nicht der alte Gott entfernt.
Bis daß dem letzten Hasser das Schwert zerbrochen ist,
und bis die letzte Festung die weiße Flagge hißt,
daß dann der Deutsche Kaiser: – »So wird der Frieden!«
spricht.
Das wollen wir erreichen – und anders wollen wir
nicht.

Des Granatendrehers Kriegslied

Ich schrubbe dich, ich bohre dich,
werdende Granate!
Wenn du zerspringst, so schützt du mich.
Der auf die Feinde schleudert dich,
das ist mein Kamerade.
Kamerad ich grüße dich!

Es knirscht der Stahl, der Riemen kreischt,
Drehbank, du, surre, sause,
du eisernes Maschinentier.
Du bist das Gleiche wert wie wir,
für uns im Kampfgebrause,
manch junges Blut im Tod erbleicht.

Der Bauer mäht, der Bauer pflügt,
er stirbt für Pflug und Erde –
Frißt die Maschine unser Mark,
wird Deutschland groß, wird Deutschland stark,
nimm's, daß es endlich werde
und daß es wird, genügt.

Hochöfen glühn im deutschen Land;
in Böhmen und in Essen
preßt man Vulkane in ein Rohr,
das macht aus einem Fort ein Tor –
Erz – Eisen – Vaterland!
Wer will mit dir sich messen?

Einst wirst du frei als Sieger stehn.
Und du, mein Kamerade,
wirst wieder an der Werkbank stehn,
des Friedens große Wunder sehn:
Drum schrubb ich dich, drum bohr ich dich
werdende Granate.

Auf den Tod eines Jünglings

Sankst du, unser Freund, in den Tod?
Aufstiegst du in neues Leben,
das allen Helden gegeben,
die erfüllten das größte Gebot!

Jüngling, du hast nun den Kranz:
Ewig soll er dir grünen!
Uns mahnt an den Helden, den kühnen,
des Sieges und Blutes Glanz.

Dein Leib ruht auf feindlicher Flur,
du weilst in den seligen Fernen.
Und wir senden dir zu den Sternen
unsern heiligen Racheschwur.

Die Trommel ruft ...

Der Fahneneid

Herz, aufglühe dein Blut!
Brüder, nun laßt uns schwören,
daß wir dem Vater gehören,
in dessen sicheren Händen
unser Geschick, das Schicksal der Deutschen ruht.

Was unser Spruch auch schwört,
wir schwören dem eigenen Leben,
daß wir nur wiedergeben
was unsern Vätern, den Helden,
die es erstritten, was allen Deutschen gehört.

Deutschland, dem wir geweiht
die Arbeit unserer Hände;
an deines Schicksals Wende
stehn wir erhobener Seele
und weihen uns dir voll Dankbarkeit.

Treue, glüh unverzehrt!
Treue, die mit uns geboren,
Treue, von der nichts verloren,
wenn auch unsere ewige Seele
zur ewigen Heimat kehrt.

Soldat im Frühling

Uns kommt nun der Frühling im Kriegergewand.
Trotz ist sein zorniger Mut,
Blumen und Schwerter in seiner Hand,
die glühen und leuchten von Blut.

Und er gibt auch uns ein Kriegerkleid,
wie Acker und Feld ist das.
Wie die Erde, der wir unser Streiten geweiht,
gezwungen durch Liebe und Haß.

O Erde grün, unsres Lebens Grund!
Aus dir sind wir alle gemacht.
Aus dir waren stark wir, aus dir wir gesund, –
auf der wir geweint und gelacht.

Nun sind wir worden ein Samenkorn,
Gott Schöpfer, Sämann, wohlauf,
wenn du nicht willst, daß wir verdorrn,
so laß uns gehen auf.

Dann muß brechen die Schale, dem Kerne entsprießt
das Leben zum Licht empor,
wenn über uns sich der Hügel schließt,
die Frucht drängt zur Sonne empor.

Sie wächst und mehrt sich tausendfach
den Brüdern zu Trost und Glück,
sie füllen es wohl in Scheuer und Fach
und denken an uns still zurück.

Wir säen uns, wie unsre Brüder getan,
freudig ins grüne Feld.
Und Tausende streben zum gleichen hinan:
Gott Schöpfer erhält so die Welt.

Das kleine Kügelein

In Frankreich liegt ein Kügelein
in einem Magazin.
In der Patrone steckt es drein.
Wann wird es wohl für mich geschossen sein?

Millionen liegen auf der Reih,
die sind schön rund und rot.
Das Pulver schwarz – was ist dabei?
Wenn es mich trifft, so bitte ich,
daß es mir gnädig sei.

Solang es liegt so gut versteckt,
schieß ich noch manchen tot.
Bis daß der Franzmann es entdeckt –
zu neuem Leben werd ich dann,
so hoff ich, aufgeweckt.

Und findet es der Franzmann bloß –
lieb Mädel, weine nicht –
dann geht vielleicht das Ding nicht los;
der Franzmann flucht, der Spaß ist groß:
Dann kriegten sie mich nicht.

Ausmarsch

Auf! Nun laßt die Trommeln spielen,
laßt die hellen Hörner schrein.
Denn auch ich bin einer von den vielen,
die da ziehn in Feindesland hinein.
Mit blankem Gewehr,
um unsre deutsche Ehr.
Heller als das Licht der Sonne blinkt,
unser Mut aus alten Liedern klingt.

Ein Gewehr mein Vater hat getragen,
als er einst zum Kampfe zog.
Und auch sein Herz hat in Lust geschlagen,
als der Kampfruf durch die Lande flog.
Sein Herz schlug wie meins,
jetzt schlagen sie wie eins.
Wenn gezogen werden muß, dann drauf!
Sonst steht Deutschlands Ehre nimmer auf.

Deutschlands Ehre soll von neuem glänzen
durch der Söhne freien Mut.
Reine Hände sollen sie bekränzen,
blüht der Lorbeer auch von unserm Blut.
»Kamerad! Ich und du,«
der Freie ruf mirs zu!
Keiner sei von uns als Mann geehrt,
der nicht Kampf und Sieg und Tod begehrt.

Heller lasset nun die Trommeln spielen,
lauter eure blanken Hörner schrein;
werde ich auch einer von den vielen,
die im Feindesland begraben, sein.
Der Fahne, die weht,
unser Schwur und Gebet:
Gott im Himmel, schicke uns in den Tod,
eh wir uns verlassen in der Not.

Champagneschlacht

Die   Lüfte   werden   zur   Leier,
Gott spielt sein Lied darauf.

U n r u h

Dem   Reserve-Infanterie-Regiment   65
und seinem Führer Herrn Oberst Mersmann
zur Erinnerung

Im Schützengraben

Ich lieg an dem Gewehr zum Anschlag an.
Ein Käppi hebt sich überm Grabenrand,
und eine Hand
wirft eine Schaufel Erde hoch hinan ...

Mein Kamerad Franzos, dich traf ich gut!
Du mußt nicht böse sein, daß ich dich schoß:
Ich bin dein Bruder ja, bin dein Genoß;
wir sind erlöst durch eines Gottes Blut.

Was ist es denn, was uns zu töten heißt?
Du mich – ich dich, daß wir so vogelfrei?
Nur treffen, töten, wen ist einerlei,
wem du dich nur von einem Feind befreist.

Wir denken nicht. Wir tun nur Schuß auf Schuß!
Fällt jemand neben uns – dann wächst die Wut,
und wie die Erde trinkt das frische Blut,
so wächst der Rache grauser Hochgenuß.

Denn Blut will Blut. In Strömen fließt es hin.
Tot liegt nun der, des Herz so warm doch schlug,

der Nacht um Nacht das schwere Heimweh trug,
das wachsend schwoll seit Krieges Anbeginn.

Wozu das all, mein Kamerad Franzos?
Du stirbst für deines Reiches Herrlichkeit,
ich steh für unseres Tuns Gerechtigkeit,
und gleicher Tod ist unser beider Los.

Es muß so sein. Es wächst wie Gras und Baum
der Menschheit strebend Volk sich hin zum Licht;
zwei gleiche Bäume stehn zusammen nicht,
der eine frißt des andern Licht und Raum.

Und Tier und Gras und Blume stirbt und wird,
eins durch das andre. Alles wird zu Staub.
Ein jedes wird des Todes sichrer Raub,
ob es die Sonne dörrt, ob es die Sense schwirrt. –

Mein Kamerad Franzos, nun ruhst auch du
in Heimaterde aus von Kampf und Schlacht,
auch ich hab sie zur Heimat mir gemacht, –
wir harren wohl der Auferstehung zu.

Und unterdessen wird ein Sonnentag
mit ungeheurem Jubel um die Erde gehn,
und Blumen fliegen, Banner, Fahnen wehn,
und jeder jubelt, wie er kann und mag.

Wir hörens nicht. Wir liegen kalt und tot.
Uns weckt kein Singen, keines Friedens Gruß,
auf unsern Leibern steht der Menschheit Fuß:
Sie schaut hinein ins neue Morgenrot.

Der Weber singt im Schützengraben

Wie lang ist's, daß der Webstuhl ging?
Daß Schuß und Kette sich verfing?
Das Rieth sich hob, das Schiffchen flog,
daß es der Spule Faden zog?

Lang ist es her. Das Schicksal webt
das Lebenstuch dem Volk, das strebt.
Der Webstuhl ist der harte Krieg,
und was er webt, das ist der Sieg.

Die Kette ist der Männer Zahl,
der Schuß, das ist des Todes Qual,
die Bindung ist der rasche Tod,
der färbt die weißen Fäden rot.

Die roten Fäden halten gut,
die spann das Land aus Gut und Blut,
die halten nun das Land so fest,
daß es sich nicht zerreißen läßt.

Das Leben treibt den Webstuhl an,
nun stehn wir alle. Mann bei Mann,
der Herr ist unser Vaterland,
das Tuch wird unsers Glücks Gewand.

Lauf, Webstuhl, lauf, es will die Zeit,
sie will, daß jeder ihr sich weiht.
Du bist die Kette, ich der Schuß –
du lebst nur, weil ich sterben muß.

Auf Posten

Ich höre es klingen in tiefer Nacht,
es zu mir dringen auf einsamer Wacht,
aus Ländern, die weit hinterm Feinde sind,
wie Menschen leben und glücklich sind;
oft hör ich der Becher hellklingend Geläut,
der frohen Zecher auflachende Freud,
wie jubelnd sie singen: Das Heer hält stand,
hoch leb unser mächtiges Vaterland!

Ich höre es klingen in tiefer Nacht,
es zu mir dringen auf einsamer Wacht,
aus Ländern, die weit hinterm Feinde sind,
wie Menschen leiden und traurig sind.
Es sehen die Sterne wie Augen mich an:
Du! Wo ist mein Liebster? Du! Wo ist mein Mann?
Und Kindergebete zum Himmel gehn,
die all um den Bruder, den Vater flehn;
die Not hält groß ihre schwere Hand
über dem opfernden Vaterland.

Ich höre es klingen in tiefer Nacht,
es zu mir dringen auf einsamer Wacht,
wenn die Sterne bleichen, der Tag beginnt:
Kamerad, du auf Posten! Sag, wie weit wir sind?
Manch Toter entsteigt dann aus seinem Grab:
Wie stehts mit dem Land, dem geblutet ich hab? Haltet
auch ihr die eiserne Wehr?
Schirmt ihr die Heimat von der Alpe zum Meer?
Seid ihr wie wir? Schwörs mir in die Hand,
Kamerad: Alles fürs Vaterland:

Ich höre es klingen in tiefer Nacht,
es zu mir dringen auf einsamer Wacht.
In Deutschland drüben – beim hellen Licht
geht in den Fabriken die nächtliche Schicht.
Werkleute stehn an der Hochöfen Gezisch,

am Webstuhl, am Amboß, am Arbeitstisch.
Und wie sie mehren das nützliche Gut,
ruht in den Kasernen Rekrut bei Rekrut,
und Bahnzüge rollen in Feindesland
zum Schutz und zum Trutz für das Vaterland.

Ich höre es klingen in tiefer Nacht,
es zu mir dringen auf einsamer Wacht:
Vom Wunderland ferne, am Bosporus,
das dieselben Feinde bezwingen muß.
Und Bruderland Österreich, es kämpft wie wir,
zu wehren dem Haß, dem Neid und der Gier.
Ich grüß euch, ihr Brüder, auf wogender See,
in Flandern, im Elsaß, im russischen Schnee,
am Gewehr, am Geschütz, im grauen Gewand:
Für unser heiliges Vaterland.

Champagneschlacht

Kaum war es Tag – fing an das Wutgerassel,
des Trommelfeuers Höllenrachenschrei.
Wir standen still im Eisen-Bleigeprassel;
in Zischen, Heulen, Krachen barst die Luft entzwei.
Es stiegen, sanken, wogten Staubfontänen,
aus diesen stieg der Tod, der Knochenmann:
Er troff von Blut; lachend ob Qual und Tränen
besah er seine Tat und grinst uns höhnisch an:
Mit Friedenspsalmen, Weihrauch und Granaten bin ich
da,
gesandt von euren Freunden aus Amerika.

Das nun zum Gruß: Ein Krach! Dunst, Staub und Split-
ter fliegen!

Wir lagen unter Schollen erdgepreßt,
ich fühlt die Last der Erde mich umschmiegen,
sie preßte hart aus mir des Blutes Rest.
In meinen Augen schossen Flammenbogen,
mir war, als riß die Lunge sich entzwei;
mein Schädel barst. – Als ich herausgezogen –
da trug man einen Toten mir vorbei.
Von einem andern sammelte man Stück um Stück.
Ich ward gerettet! Warum mir das Glück?

– Und wieder weiter. Salven krachen, rollen.
Vor uns und hinter uns zerstäubt der Grund.
Der ferneren Geschütze dumpfes Grollen
gibt uns der Feinde mächtig Wüten kund;
und aus den vorgetriebnen Sappen steigen
Leuchtkugeln, die uns bald verraten sollen, auf;
und wütender umschließt uns der Geschosse Reigen,
umtanzend uns in wirrem Todeslauf.
Wir hocken still. Schaun übern Grabenrand. –
Wie ist uns doch so schwer das Vaterland.

Und von Genosse zu Genosse zittert
die stille Wut gen unsrer Feinde Haß;
in mancher Seele hat der Zorn gewittert,
manch Glück zersprang, zersplitterte wie Glas:
Ach, gäb es einmal den Befehl, zu stürmen
auf allen Linien, daß es weiterging,
bis sich um Festungsmauern, Panzertürmen
fest schlösse unsrer Glieder Eisenring.
Daß wir den Feind in offner Feldschlacht sehn
und einmal könnten auf das Ganze gehn.

Die Stunden polterten durch unsre Seele,
Granaten sprangen, wie der Herzschlag ging. –
– Die Luft war nur ein stinkiges Geschwele,
drin, ein verweintes Aug – trübrot die Sonne hing.
Wie einsam waren wir in diesen Stunden!
Freund stand bei Freund. – Und jeder war allein.
Heimatgedanken brannten uns wie Wunden,
gedachten wir des Friedens Glück am Rhein.
Aus Qualm und Dunst stieg auf – die Brücke und – der
Dom. –
Da lag die Heimat fern – da rauschte unser Strom.

Stürmt an, ihr Feinde! Kommt in Bataillonen!
All euer Blut ist unsres Rheins nicht wert.
Ihr wollt in unsern lieben Häusern wohnen,
die uns so lang ein stilles Glück beschert?
Wenn wir nicht unsrer Väter Söhne wären,
die auch mit ihrem Leib ihr Land beschützt,
nie würden solche Kräfte in uns gären,
an die ihr eure Sturmkraft abgenützt.
Ihr kommt nicht durch! Wir stehn wie Stahl und Stein!
Was fällt, das fällt! Es kann nicht anders sein.

Nun stockt das Donnern. »Auf, an die Gewehre,
und legt die Handgranaten euch zurecht.
Sie kommen!« Schon begrüßt sie unsre schwere
Artillerie. Bei Gott, die schlug nicht schlecht
in die Kolonnen, die wie Fluten brausten

auf unsre Graben zu im Sturmeslauf –
darin nun unsre Kugeln singend sausten
und die Maschinengewehre hielten drauf. –
Die Reihen fielen – neue stürmten zu.
Als die gefallen: Stopfen. – Gewehr in Ruh.

Der Tag vergeht. Dann kommt der Abendsegen.
Und mancher, der des Tages Sturm bestand,
den mußten wir noch in die Zeltbahn legen
und in das Grab an jenem Hügelrand.
Dann ward es kühl und still. Die Sterne glühten – –
uns löste ab das andere Bataillon –
wir beteten: »Gott möge es behüten,
wie er es tat so viele Male schon.
Und Friedensgott, o komme näher, du.«
– Ablösung – Flüstern – »Ripont?« Marsch! In Ruh!

Die große Schmiede

Heute ist die ganze Stellung eine große Kesselschmie-
de,
alles sind die alten Töne aus dem großen Arbeitsliede.
Früh am Morgen, mit der Sonne, heulen her Granaten-
flüge.
Das kracht auf den Felsenplatten, wie wenn man auf
Eisen schlüge.
Dumpf knallts auf; im steilen Bogen stiegt geschleudert
eine Mine:
Rangg – zersprungen. So das Stampfen einer großen
Nietmaschine.
In den Gräben, in den Sappen Picken, Schaufeln, Spa-
ten scharren
kreischend, wie auf blanken Scheiben festgespannte
Riemen knarren.
Der Gewehre Schießen ist das schnelle Klopfen vieler
kleiner Hämmer,
der Maschinengewehre Knattern ist der Ton der Luft-
druckstemmer.
Und die Wolken schwarzen Rauches sind die kleinen
Feuerstellen,
die entstehen und verwehen von zerplatzenden
Schrapnellen.
Hier wie dort – wenn eine Kette jäh zersprang, wurd
wer erschlagen,
einen fraß der Räder Zähne: dort wie hier – ist Schaffen
Wagen.
Nur daß hier das Blut noch weniger wird geachtet als
zu Hause,
daß das Stöhnen der Verletzten nicht gehört wird im
Gebraust.
Und daß hier ein jeder fühlet über sich zerspringende
Ketten,
keiner kann vor Kugelströmen sich im Sprung nach
draußen retten.
Draußen, in den stillen Stuben, zirkeln sinnend Ingeni-
eure –

die durch dünne Drähte lenken erzbewehrte
Kämpferchöre.
Hier wie dort. Auch hier kommt einmal grüßend hin
der Herr der Massen,
hier wie dort, ein ernst Verstehen, prüfend Aug-in-
Auge-Fassen.
Unser Kaiser, unser Vater, bist der Schmiede Allgebie-
ter,
und wir sind des großen Werkes Helfer, Hämmerer,
Schweißer, Nieter,
lenkest Millionen Hände, lenkest Herzen, Hirne, Geis-
ter,
du bist dieses starken Volkes Schirmherr, Führer, Len-
ker, Meister. –
Heute ist mir dieses Schlachtfeld eines großen Volkes
Schmiede,
und in Glut und Blut und Feuer schafft es Einheit, Kraft
und Friede.

Im Artilleriefeuer

1

Zischende, erdzerspaltende, schmetternde Eisenfaust,
wie zürnendes Gotteswort dein Schlag auf die Erde
saust,
auf die Menschen, die Felder, auf alles was lebt und
blüht,
daß es zuckend, zerfetzt in die bebenden Lüfte sprüht.
Und die Luft saugt in sich ein des fliehenden Lebens
Geist,
ist voll dem all, das Leben und Sterben heißt.

Und wir stehn und schaun, sind trunken von gieriger
Lust,
von unsäglicher Qual und Wut bebt die atmende Brust.
Leben! Leben! Umgiert von fressendem Tod
fühlen in eigener Brust der sterbenden Brüder Not;
und daß Mensch gegen Mensch, die ein Gott vom Fluch
befreit
und ihnen im Sterben gab des Friedens Seligkeit!

Nun zürnst du, Gott, durch des Menschen eigene
Hand,
so groß hast du ihn gemacht, daß er dich fast über-
wand.
Deine Schrecken sind worden Spiel, dein Gewitter ist
ein Genuß,
so groß hast du ihn gemacht, daß selbst er sich strafen
muß.
Noch Größeres gabst du ihm, Gott, seine Liebe zu Kind
und Weib,
zur Heimat, die du ihm gabst, die schützt er mit seinem
Leib.
Gott, dich lobt nun sein Tod, das Grauen, die Not und
der Schmerz,
so groß bist du selbst in des Menschen elendem Herz;
du bist in der Treue, du bist im Harren, im Sieg,

dich lobt das Leben, der Tod, die Schlacht und der Krieg.

Im Artilleriefeuer

II

Wir haben uns eingewühlt in der Erde Tiefen,
im Dunkel der Höhlen wähnen wir Schutz,
wie Kinder verbergen ihr Gesicht im Schoße der Mütter.
O, Mutter der Erde, daß deine Tiefen
nicht tief genug sind uns zu verbergen.
Wir wünschen, es täte ein Abgrund sich auf,
schaudernd tief,
wir ersehnen stürzende Urwälder über uns.
In allen unsern Herzenstiefen rast das heiße Verlangen:
Ströme und Meeresfluten müßten den heiligen Leib der
Erde zerreißen
zwischen uns und – drüben.
Unser armes zerquältes Herz bettelt und bittet um Erdbeben und tiefe Nacht,
um so große Not, die allem Streit und Haß
zwischen den Menschen ein Ende macht.

Im Artilleriefeuer

III

Und wie das alles im Herzen zuckt, brennt und nagt,
doch habe ich nicht ein Wort zu viel gesagt.
Mehr noch bebt in dem Herzen, das tiefer gefühlt,
und in viel Millionen haben die Schmerzen gewühlt.

Aber wir leben ja noch, atmen, erkämpfend den Sieg,
Wir! Und die Brüder, deren Mund so lange schon
schwieg:
All die Väter, die Söhne, die Liebsten, sie liegen stumm
–
liegen tot – Deutscher, weißt du warum?

Um dich, Deutscher, um dich und unsrer Heimat Land,
aus dem Blut der Besten dein herrliches Glück erstand.
Kein Halm wächst, keine Frucht reift in Sonnenglut,
die nicht betaut vom Segen, der Krieger Blut.

Vaterland, heilige Scholle, wer liebt dich, wie du es
wert?
O, wer kostet des Friedens Glück am heimischen Herd?
Wer schaut vom Hügel hinab in den glänzendsten
Strom,
und wer schauert in Andacht in deinem herrlichsten
Dom?

Ihr, unsre Toten, ihr habt es sterbend vollbracht –
und noch immer würgen wir in der blutigen Schlacht.
Immer noch fallen die Tapfern, treu ihrem heiligen Eid:
Sind wir nicht alle zum Siegen und Sterben geweiht?

Gott, du Lenker der Schlachten, Erzengel Michael,
vor unserem Angriff leuchte dein Bildnis hell,
daß wir siegend hinbrausen dem Sturme gleich,
daß wir schirmen und schützen dein Deutsches Reich.

Kampfgesang

Kameraden! Laßt die Kugeln singen!
Hört, die Not des Vaterlandes wirbt. –
Stoßt dem Feind ins Herz die kalten Klingen,
wer nicht mit uns ist – der stirbt!
Für schwarz, weiß und rot
erschreckt uns kein Tod.
Sinkt auch unser junger Leib hernieder,
uns zu rächen stehen andre da;
denn wir haben Millionen Brüder:
Unsre Mutter heißt Germania.

Heiliges Vaterland, wenn wir dich grüßen,
soll der Gruß des Sieges Kunde sein.
Wanken wir – so müssen wir es büßen.
Weichen? Tausendstimmig hallt es: Nein!
Vorwärts, alle Mann
an die Feinde heran!
Singt die Lieder unsrer Väter wieder,
denn es ist der Rache Stunde da,
und wir haben Millionen Brüder:
Unsre Mutter heißt Germania.

Kameraden, Vaterlandes Söhne:
Gott zieht mit in diesen heiligen Krieg.
Kämpft, bis daß die ganze Welt uns kröne,
die bewundernd kniet vor unserm Sieg.
Wer hier findet sein Grab,
schaut vom Himmel herab
auf das Volk, das seine Ehre wieder
durch der Söhne Opfer glänzen sah,
auf das Volk der Millionen Brüder,
deren Mutter heißt Germania.

Morgenangriff

Angriff? Jetzt wollen sie durch!
Sonst fingen sie so früh nicht an;
sie haben für jeden einzelnen Mann
eine Granate geschmissen,
der Drahtverhau ist bald ganz zerrissen.
Und wie dünn steht noch die Kompagnie –
wie wir es halten – ich weiß nicht wie.
Dann kommen sie wieder in Bataillonen an,
sieben Mann, acht Mann an den einzelnen heran;
seit Stunden beregnen schon die Schrapnelle
den Ausgang der Schlucht. Die verfluchte Stelle!
Wir sind allein – ein Mann gegen sieben und acht.
Und es war eine so schöne Nacht.
Von drüben – weither kam Musik und Gesang.
Sie machen sich Freud vor dem schweren Gang;
sie haben Frauen dabei und Wein
und feiern bis an den Morgenschein.
Schön ist das doch –
das gibt Kraft und Mut,
es rast durch die Adern das flüssige Blut,
das ihnen lockend den Sieg verspricht –
(wir möchtens wohl auch – und könntens doch nicht).
Sie wissen's ja auch: wir sind unsrer nicht viel,
sie wissen es auch – wir kennen das Spiel –

Sie haben auf jeden einzelnen Mann
eine Granate geschmissen,
sie sehen es auch den Fetzen an:
der Drahtverhau ist zerrissen.

Jetzt – klang da ein Kommando nicht?
»Bajonett!« »Sie kommen!« mein Nachbar spricht:
»paß auf du, keinen Schuß in die Luft,
Joffre, wärst du dabei – du Schuft!«
Eine leuchtende Kugel sehen wir fliegen;
Kolonnen, die dem Graben entstiegen,
stürmen los auf uns – Schuß rechts, Schuß links,

dein Fähnlein, Leutnant, dein Fähnlein, schwings,
sie kommen, sie fallen, wird dünner der Strich?
Maschinengewehre – – jeder fühlt nur sich.
Wie schießen wir, nur gezielt, nur gezielt,
als würd nur mit ledernen Puppen gespielt.

Sie kamen nicht bis zu uns hinan.
Da liegen sie vor uns Mann um Mann,
Verwundete kommen ohne Gewehr,
sie stöhnen noch nicht – und sie atmen noch schwer –

Gewehr in Ruh – es kühlt sich schon ab;
wem wiesest du heute wohl sein Grab?
Mein Kamerad hat seine Pfeif angesteckt;
»Nu sen mer noch net derbei verreckt ...«

Abend

Nun ist es Abend. Wieder
dem Tal der Mond entsteigt;
das wildeste der Lieder,
vom Tod, ist ausgegeigt.

Wir feiern diese Stille
mit tiefem stummem Dank.
Bald schlingt um Tun und Wille
der Heimat Traumgerank.

Ich wähn, der nie vergehnde
Kampf schläft wo noch nicht ein:
Ich möchte das allsehnde,
das Auge Gottes sein.

Und könnte Liebe strahlen
in jedes Herz, das wacht,
den Lohn der Liebe zahlen
für all die Opferqualen,
die rote Feuer brennen
auf zu mir, durch die Nacht.

Nächte nach den Schlachten

Oh, wie so tief die dunkeln Nächte sind.
Wir wachen angstvoll bis zum Morgenrot,
wir sehen Kampf und Schlacht und sind doch blind.
Und unsre Hände hält der Tod –

Der steht bei uns und singt ein wehes Lied,
aus Namen, Wort und Ton, die ganze Nacht;
bei jedem Namen, der vorüberzieht.
Steht – fällt ein Mann und stirbt in Kampf und Schlacht.

Wie dieses alles unsre Seele sieht. –
Wann kommt der Name, der uns fallen macht?

Das Zögern aber steilt sich wie ein Deich,
dahinter braust ein Meer von Schmerz und Weh.
Wir hocken, wartend, todesahnungsreich.

Wann birst du, Damm, wann stürzt auf uns die See?

Es singt der Tod das Lied die Nacht entlang.
Was ist für uns an Schmerzen wohl bereit?
Wir schauern bei der Namen gleichem Klang –
wie es auch sei – Tod, komm! Denn wir sind dir ge-
weiht.

Nachtlied

Die Nacht ist stille gekommen und Freund und Feinde
ruhn,
hat noch nicht das Bittere genommen von meinem täg-
lichen Tun,
der Haß hat die Liebe verdorben, an die wir trotz allem
geglaubt,
der Glaube an Liebe gestorben – unsere Mutter ist uns
geraubt.

Doch, Seele, du bist nicht verloren, du bist ja von ewi-
gem Licht,
dich hat kein Weib geboren, und sterben kannst du
nicht.
Du siehst dich schweben und fliegen, und nichts ist,
was dich hält,
so, wie du dem Leben entstiegen, umfliegst du der Le-
benden Welt.

Du Seele mit Trauer beladen, wann wirst du erlöset
sein?
Wann leuchten dir himmlische Gnaden, wann gehst du
zur Seligkeit ein?
Du kannst ja nicht sinken und sterben, wie dein gelie-
hener Leib,
mußt seine Lasten erwerben, in Hoffnung gehn, wie ein
Weib.

Und darum bangt dich die Stunde, in der du gebären
mußt,
du fühlst nur die zuckende Wunde und nicht die schaf-
fende Lust,
du siehst nur Grauen und Dunkel und fühlst nur die
ringende Not,
und siehst nicht des Ewigen Gefunkel, das aus den
Schmerzen loht.

Nun hörst du die Zukunft brausen und fühlst doch das
ewige Muß,
die Zeiten vorübersausen, dich streifend mit glühen-
dem Kuß.
O Seele, halte dich oben, du mußt ja einsam sein,
zu Gott wirst du erhoben, dann wirst du selig sein.

Hört ihr

Hört ihr die Soldaten beten?
»Unser Gott, bist unsere Pflicht!
Aus den Schlünden der Kanonen
unsere stärkste Liebe spricht.«
Schießen wir ihm die Patronen-
Vaterunser durch den Lauf,
und ein Kreuz soll darauf thronen:
»Bajonette pflanzet auf.«

Kameraden, laßt Schrapnelle
Kugeln als Weihwasser streun,
laßt Granaten Weihrauch qualmen,
laßt die Sünden uns bereun:
Unverschoßner Minen Psalmen,
Unterlassungssünden sind;
wenn die erst den Feind zermalmen,
löst die Sünde sich geschwind.

Hangt der Kugel-Handgranaten-
Rosenkränze um die Brust.
Wenn die Perlen jäh zerknallen,
stirbt des Feindes Kampfeslust.
Laßt die Wacht am Rhein erschallen,
unseres Zornes Stoßgebet,
Händefalten wird zum Krallen,
wenns um Gurkhagurgeln geht

Wir sind einmal Henkersknechte,
Gott hat selbst uns ausgewählt,
kreuzigen die Menschenliebe,
die in uns zu Tod gequält.
Wenn sie nicht unsterblich bliebe,
war sie Gottes Kraft nicht voll:
und wir kreuzigen die Liebe,
daß sie euch erlösen soll.

Vor Ostern

Der frühe Morgen steigt herauf,
daß es Palmsonntag werde –
es schweigt noch der Geschütze Lauf,
und still ruht Tag und Erde.
Da steht ein deutscher Wehrmann still,
um in das Licht zu schauen,
das jetzt die Nacht verdrängen will
und all das öde Grauen.

Und um des Wehrmanns Angesicht,
um Schultern, Helm und Barte,
da fließt das junge Morgenlicht
und mildert es, das harte.
In seinen Augen ist ein Schein
vom Glück des Überwindens –
Zur Ewigkeit reicht es hinein:
das Glück des Wiederfindens.

Er sah wohl weit im Morgenrot
der Heimat Bilder grüßen;
sein stilles Dorf, von Blüten rot,
zu eines Hügels Füßen.
Mit Weib und Kindern Hand in Hand
zum Kirchlein freudig schreitend:
er sah sein ganzes stilles Glück
im Frühlicht um sich breitend.

Und um ihn lag der Brüder Schar,
die in der Nacht gefallen,
und noch hört er aus Todsgefahr
den Sturmruf zu sich hallen.
Dann sieht er wieder in das Licht,
ob sich Erbarmen fände
für die, die sterbend ihrer Pflicht
getreu bis an das Ende.

Die Schaufel stößt er in das Feld
und tat ein Grab abmessen,
darin soll ruhen Held an Held,
gestorben, unvergessen.
Er sieht nicht in das Licht zurück,
sein Beten war kein Flehen:
ich habe in seiner Augen Blick
den Heilandsblick gesehen,

der über Tod und über Blut
den Weg zur Pflicht gefunden,
und der sein schönstes Lebensgut
aus Pflicht hat überwunden.
So muß das deutsche Vaterland
sich selber Heiland werden,
bis daß durch seine starke Hand
der Friede kommt auf Erden.

Bis daß das schwere Werk vollbracht
und neu die Welt gereinigt,
bis Schicksalsgang und unsre Macht
in uns sich hat vereinigt.
Und so lang noch muß Weib und Mann
den Weg des Leidens gehen,
bis über Tod und Not hinan
kommt groß das Auferstehen.

Ein Kamerad

Dem Freunde Felix Braun zum Andenken an
den Frühling 1915

Den langen Herbst und Winter hielt er getreulich stand,
schuf sich aus Krieg und Fremde Heimat und Vater-
land.
Sein Heimweh tranken die Sterne, es floß in die ruhen-
de Nacht,
am Tage hat er der Heimat wie einer Toten gedacht.
Doch als der Frühling mit erstem Scheine die Luft er-
füllt,
da war sein hartleuchtend Auge von dunkler Trauer
umhüllt.
Da stöhnte er tief im Schlafe und wußte es selber nicht,
da welkte in Träumen und Sehnen sein hartes Krieger-
gesicht.
Und eines Morgens im Dämmer, da sang es über das
Land –
Da stand er, bebenden Mundes, sein Antlitz zum
Himmel gewandt:
Da war eine erste Lerche, die sang zwischen Krachen
und Graus,
da floh die gefangene Seele aus ihres Willens Haus.
Da weinte er. Weinte vor Qual: Jetzt sah er erst Tod
und Schlacht,
sah, was des halben Jahres Krieg über die Erde ge-
bracht.
Er griff nicht mehr zum Gewehre, er hat seine Wacht
versäumt,
und stand er auf seinem Posten, da hat er geschwärmt
und geträumt.
Er küßte die nackte Erde und warf sich an ihre Brust,
hat nichts mehr von aller Beschwerde, nichts mehr vom
Kriege gewußt.

Er hörte auf kein Kommando, nicht, wenn ein Schrap-
nell zersprang,
kein Schießen, kein Stürmen, kein Rufen – nur: daß die
Lerche sang.

Soldatentestament

Meiner guten Mutter

Ich bin allzeit ein tapferer, treuer Soldat gewesen.
Das steht in keinem Heldenlied, in keinem Buch zu lesen.
Ich steh mit meinen Brüdern in Frankreich auf der
Wacht,
bald geht es, sagt der General, in eine große Schlacht.

Ich habe für das Friedensglück nun bald ein Jahr gestritten,
ich will auch für die fernere Zeit nicht um mein Leben
bitten.
Es liegt so mancher Landwehrmann zerhaun von manchem Schlag,
manch Reservist und Musketier schläft bis zum jüngsten Tag.

Nun will ich noch in guter Ruh den letzten Willen
schreiben,
damit ihr wißt, was ihr sollt tun, sollt ich beim Sturme
bleiben:
Schickt mir den jungen Bruder in unser Regiment,
dem Vaterland das Beste, so sei mein Testament.

Und meine gute Schwester soll den Kameraden trauen,
dem hat ein böser welscher Hieb die Hände beid zerhauen.
Halt du ihn lieb und pflege ihn an deines Liebsten Statt,
der früh schon fiel – bald find ich bei ihm die Ruhestatt.

Mein Vater, bist ein alter, ein grauer Veterane,
ich streite, wie du strittest, für unsre reine Fahne.
Was du geschafft, das hast du mir tief in mein Herz ge-

sät,
drum weine nicht, wenn mich der Tod als reife Frucht
abmäht.

Dir, meine liebe Mutter, geb ich einen Waisenknaben,
du sollst daran ein Mutterglück an meiner Stelle haben,
so ziehe ihn, bis daß du mich, den Sohn, in ihm er-
kennst,
wein nicht und denke nicht an mich, wenn du sein'
Namen nennst.

Was hab ich noch? Mein Leben nur. Mein Herz und
Leib und Seele,
das ist dein Eigen, Vaterland, dem ich mich ganz ver-
mähle.
Nun komme, was da kommen mag, einst wird es Frie-
de sein:
Kehr ich zur Heimat nicht zurück, nimmt Gott mich zu
sich ein.

Im Mai

Du Herz, von alter Torheit voll:
Zertritt, was blühen will,
wenn auch die Sehnsucht überquoll.
Da alles, alles leiden soll,
füg auch dich. Stumm und still.

Und grünt und blüht auch Busch und Baum
in dein und Feindes Herz,
ist drin auch für die Kugeln Raum.
Und schonst du ihn – er schont dich kaum.
Sei hart, sei Stahl und Erz!

Der Tod aus blaustem Himmel fällt,
und tief dringt in dich ein
das Glück, das je sich dir gesellt –
nichts ist so bitter auf der Welt
als jetzt Soldat zu sein.

Was Frucht wird, wird im Monat Mai;
der Blütentraum verdirbt.
– Daß Deutschland groß und herrlich sei,
drum blüht es rein und stirbt es frei. –
Auf daß durch Tod es Frucht erwirbt.

Dank

Ihr, die ihr in der Heimat Frieden seid –
sagt nicht: »Wir danken euch, ihr, die im Feld
euch ganz dem Vaterlande habt geweiht,
wir beugen uns und nennen jeden Held!«

O, sagt nicht Dank; kein Wort, kaum eine Tat
(so lieb sie sei) kommt ihren Taten gleich.
Sie sind dem höchsten Ziel so weit genaht
und fühlen sich der höchsten Güter reich:

Wie Heilige wandern, im bestaubten Kleid,
barfuß und hungernd, doch vereint mit Gott,
so tragen sie des Lebens Glück und Leid
und fragen nicht nach Huldigung und Spott.

Sie tragen in sich, was nur ihnen ward:
Ein neues Glück von Gott und Vaterland
hat unter Blitz und Donner groß sich offenbart.
Sie haben es in tiefster Not erkannt;

und diese neue Welt wird euch geschenkt.
Die Führer hört, aus denen sie euch spricht
in neuer Kraft, die für euch wirkt und denkt.
Folgt denen nach – erneut euch, danket nicht!

Der Krieger an die Arbeiter

Wir sind vor Zeiten, Arbeiter, in die steinernen Fabri-
ken gegangen,
an Achsen und Rädern, Spindeln und Fäden haben un-
sere Blicke gehangen,
warm wurde von unserm Blut der Stahl, auf den unsere
Faust den Hammer in Schlagen schwang,
indes unsere Seele ein Lied von der Liebe zu Gott und
seinen Geschöpfen sang.

Wir, die wir uns schaffend gebeugt, haben in Freiheit
den Kopf gehoben, unser Reich errichtet.
Wir, Mann und Weib, Kinder gezeugt und auf die rau-
schenden Freuden verzichtet,
fortpflanzend in unser Blut die Kraft, aus der wir ge-
worden sind;
ihm das Ziel gezeigt, in das unsere Seele in Schaffen
und Wirken rinnt.

Nun erwehren wirs uns. Mit Eisen gewaffnet, das wir
selber geschaffen.
Gott ruft, Weib und Kind ruft, daß wir nicht sollen er-
schlaffen.
Nun wird unser Ziel! Unser wird, was wir im Rauschen
der Arbeit erkannt, –
auf freiem Feld, die Waffe gefällt! Für unser Recht, uns-
re Freiheit, das Vaterland.

Bruder, ach Bruder, ich bin schon getroffen

Rückkehr aus dem Kriege

O wie lächelt das Land! Ist das dieselbe Erde noch wie
einst?
Die Fluren grüßen den Himmel, sie singen in seligen
Farben
vom stillen Glücke des Friedens, von Werden und
Blühn. – Garben
von Freuden reifen in mir. Seele, schäme dich nicht,
wenn du weinst.

Weine, du Glückliche. Millionen Brüder gedenken dein
–
wie du selber gedachtest des Friedens – als du noch
bangtest inmitten
zerwühlter Felder. – Die Luft barst, von schreinden
Granaten zerschnitten,
aufsprang die Erde, riß Menschen mit in die Lüfte hin-
ein.

Hörst du noch, wie der summende Ton der Geschosse
über dir pfiff?
Kleinste der Schrecken. Fühlst du zerspringende Mi-
nen?
Denke nicht – laß. – Sieh: Schwalben im Blauen, in den
Blumen die Bienen,
und auf den leuchtenden Wellen wandert ein singen-
des Schiff.

O du glückliches Städtchen, dich grüß ich von deinen
Söhnen aus fremdem Land:
Ihre Grüße glänzen aus meinen Augen, ihr Blick war
ein sehnend Beneiden.
»Grüß unser Deutschland, die Heimat.« So sagten sie
mir beim Scheiden,

drückten die Hand mir, winkten mir nach, bis unser
Zug entschwand.

– Wald, nimm mich wieder auf, treib meine Gedanken
nicht vor noch zurück;
jede Stunde ist Seligkeit. Deutschland, nimm auf mich
Armen,
umschmiege mich, der da lächelt mit weinender Seele.
Jeder, der heimkehrt vom Kriege, der ist im Meere der
trauernden Menschheit eine leuchtende Insel von
Glück.

Wenn es Abend wird

Wenn die letzten Strahlen der sinkenden Sonne über
das Kampffeld streichen,
steigen aus Gräbern und Grüften die toten Soldaten
herauf;
aus Gräbern in Wäldern und Schluchten, aus Gräbern
in Heide und Sand;
stehn vor ihren Hügeln betend, der Heimat zugewandt,
auf fremder Erde.

Es singt der Vogel in der Nacht.

Da lösen sie sich, steigen auf, schweben heimatwärts,
über zerschossene Städte, über verwüstete Felder,
über noch kämpfende Heere,
an blinkenden Flußläufen vorbei, hin, hin, in ihre Hei-
mat.

Dort schweben, wenn es Abend wird. Schatten heran
von den Grenzen des Vaterlandes, von Gebirgen und
Meeren,
Schatten wie von abendroten Wolken
senken sich, senken sich wie singende Lerchen in ihr
Nest.

Allüberall.

Dort: am Rande des Waldes,
wo zwischen den reifenden Feldern ein Pfad,
von Mohn und Zyanen gesäumt, hügelan steigt,
Gestalten:
Selige Bewegung ausbreitender Arme; segnende Hände
streicheln nickende Ähren, beugende Nacken senken
Gesichter,
schmerzlichen Glückes voll, in die Flut der Halme,
führen wildblühender Blumen leuchtendes Rot und
Blau

an ihre blassen Lippen.
Knien, die Arme gestreckt dem goldenen Reichtum des
Lebens,
im blühenden Klee.

Kennst du sie nicht?
Deines Blutes verwandte Genossen sind es. Erlöste, Be-
freite,
die lange schon, so lange, in fernen Ländern Krieg führ-
ten
gegen die Völker der Erde;
um ihre Heimat, unsere Heimat zu schützen, sind sie
gestorben
in Not und Pflicht.
Kennst du sie nicht?

Tag um Tag drängte die Heimat um sie, die ihnen
durch all das Leid
und Blut so kostbar geworden.
Fühlend, daß jeder Halm, jeder Baum aus ihrem Blute
erwächst,
sehen sie ihr Blut, das Blut der Kameraden durch die
Wurzeln steigen,
in Blumen leuchten, funkeln im braunen Ackerlicht.

Das ist ihre Sehnsucht, dies hebt sie allabendlich aus ih-
ren Gräbern
und Grüften, flügelt sich heimwärts, den Gesang ihres
Blutes im
Rauschen des Feldes zu hören, im kronenhohen Wald.

Tote Soldaten,
wir hören eure Stimmen im Winde, sehn euch in un-
serm Glück,
das ihr uns erhalten und aufs neue geschenkt habt.

Abendgang

Als ich gestern durch die Felder ging,
klang so anders mir das Lied der Garben,
anders war der Glanz der goldnen Farben,
der um Halm und Ähre hing.

War mir wie ein Blick aus Augen blau,
kam aus Fernen, kam von Schlachtfeldweiten,
um zu sehen diese Herrlichkeiten,
Bauern-Augen Sehnsuchtsblick hielt Schau.

Mit dem Glänzen auf des Windes Flut
ward ein leises Singen hergetragen,
wie von vieler Herzen treuem Schlagen,
denen klang das Sichellied im Blut.

Und des Ackers Sehnsuchtslied erklang
nach den Treuen, die der Krieg genommen,
und als sähen sie die Schnitter kommen,
hoben sich die Ehren schwer und rank.

Stäuben Straßen dort? Kommt nicht ein Zug
von Männern, die Gewehr mit Sicheln tauschten?
Ist es nicht, ob Siegeslieder rauschten
um bekränzter Fahnen Jubelflug?

Stille Nacht. Was wühlt der Wind im Korn?
In der Feinde Länder stehn in Schützengräben
Männer, die die Kolben senken, heben.
Schüsse. Aus den Läufen sticht, entflammt, der Zorn.

Die Wunde

Ein Verwundeter ging in des Gartens Lust,
den Arm in der Binde.
Und die Leute hättens so gerne gewußt,
wie er den Schmerz empfinde.
Da baten sie ihn: »Herr Soldat, wir möchten so gerne
wissen,
wie das ist, wenn so eine Kugel den Arm zerrissen?«

Der Soldat nahm die Zigarre vom Munde:
»Ja, das ist so schwer zu sagen,
wie auch zu tragen.
Natürlich fühle ich immer die Wunde,
in jeder Stunde und jeder Sekunde.
Es ist ein kleines Loch
und durch den Knochen ist es auch noch
dabei gegangen.
Erst – na, da hat's gebrannt.
Keiner hat je einen Schmerz beim Namen genannt.
Dann hat's so angefangen:
Es zieht von allen Seiten dahin,
alles Blut, alle Nerven ziehn
dahin, wo das Löchlein ist.
Dann strömts wieder zurück.
Das drängt sich und schiebt sich in dem Stück
Fleisch, wie vor dem Wirtshaus die Leute,
hin und her, herein, heraus. Und heute
in der Frühe, da fiel mirs ein,
es muß so sein,
als wenn dem Knochen sein Vater gestorben wär,
oder seine Mutter und etwas anderes mehr.
Und all die kleinen armen Nervenkinderlein
fangen an zu weinen und zu schrein,
wollen immer sehen und suchen und finden
und sind voll Angst und tappen herum wie die Blinden
und laufen hin und laufen her,
tun, als hätten sie auf der Welt nichts Liebes mehr;

wie es uns so geht, wenn die Mutter gestorben ist,
daß jeder alles um sich her vergißt.

Und ist das vorbei, wirds stiller.
Auch die Mutter muß vergessen werden,
wie alles auf Erden.
Und die kleinen Nervenkinderlein
fügen sich auch darein,
tun langsam wieder die alte Pflicht.
Und das ist gut.
Sie helfen dem Blut,
daß es wieder das Löchlein mit Fleisch anfüllt
und den armen Knochen mütterlich umhüllt.
Jetzt tragen sie all das kleine Zeug herbei,
wie es zur Heilung nötig sei,
bis dann der Doktor zufrieden spricht:
»Jetzt sind wir wieder felddienstfähig, nicht?«
Ja. –

Die Leute guckten den Soldaten an.
Und ein kleines Mädchen drängte sich zu ihm heran:
»Herr Soldat, das stimmt, mir ist es auch so gegangen.«
»Was?«

»Als mein Mütterchen starb, da war es mir so,
als wär mir eine Kugel, unbarmherzig und roh,
mitten durch mein Herz gegangen.«

Ein Herr bot ihm eine Zigarre an:
»Mein lieber Mann,
eigentlich hätt' ich mir das schlimmer vorgestellt,
n'ja – was ich sagen wollte:
Sie sind ein Held – –«
– ging und streifte seinen Schnurrbart in die Höh –
»Aber, wenn eine Mutter stirbt –
n'ja, tut das denn weh?
Na?
N'ja.«

Das Herz

Dem Andenken des Dichters Hermann Löns
gefallen vor Reims 27. September 1914

Als ich geschieden,
gab ich dein Herze dir zurück:
»Bis daß der Frieden
kommt, wahr unser Glück.«

Wenns abends dunkelt,
dann ich mein eignes Herze frag:
»Was hast du getrieben
den ganzen Tag?«

»Ich trieb des Blutes
rot klare Flut durch dich,
daß du dem Feinde
gibst Hieb und Stich.«

Dann frag ich wieder:
»Was macht dein fernes Schwesterlein?«
»Es will auf ewig
dein Eigen sein.«

Treib weiter wieder
das rote rasche Blut,
bald drängt uns wieder
der Feinde Flut.

Macht einst die Kugel
zwei Löcher auf einmal durchs Gewand;
Herz, dann verblute
fürs Vaterland.

Dann weiß die Erde,
die dann mein Herzblut tränkt,
daß ichs euch beiden
so gern geschenkt.

Schweigt dann das Vöglein
vor Liebchens Fenster still,
dann muß sie glauben,
was sie nicht will.

Ich lieg im Grabe
und bin schon lange tot – –
Soldaten singen
ins Morgenrot.

Im Westen die Schlacht

25. September 1915

In diesen Nächten wandten Millionen Herzen ihr lau-
schendes Ohr nach Westen, dort haben Massen von
Völkern unser Heer berannt.
Das drückt uns, Soldaten, in den Lazaretten wieder das
Gewehr in die Hand.
Wir fühlen Kräfte aufsteigen in wunden Gliedern,
Sturmatem in keuchenden Lungen,
fühlen uns stündlich gesunden. Der Brüder Not hat
unsre Gebreste bezwungen.
In den Nächten schüttern Salven von Granaten uns aus
Schlaf und Traum.
Das Dunkel der Wände: Wolken von Rauch. Die Decke
ist ein zersplitterter Baum.
Hunger und Durst. – Es schmerzen Wunden.– Wir sind
erwacht: An den Betten vorüber gleiten die Schwestern.
Fensterblick: Stille Nacht. Mondnacht ... Und – der Ta-
gesbericht von gestern:
Angriff nach siebzig Stunden Artillerievorbereitung,
Kavallerie
in der Champagne. – Bei uns! Im zerschossenen Graben
liegen sie,
Freund und Feind zerrissen, verblutet. Wälder und
Blockhäuser brennen –
ihr Brüder, die ihr lebt – standet – steht noch und laßt
euch für uns von den stürmenden Rotten berennen.
– Am Fenster vorüber geht der Mond, in blauem Licht
atmet das friedliche Land,
Voll von Müttern und Frauen. Die Seele hat hohe Gebe-
te in silbernen Saiten zum Himmel gespannt,
die Sehnsucht harft in den Saiten, singende Schmerzen
gleiten an Mondstrahlen auf zu himmlischen Thronen,
Glaube und Hoffnung singt ein Wiegenlied, zu singen
in den Schlaf die Gewehre und die Kanonen.

Der Freund und der Tote

Karl Jansen zum Gedächtnis. Gefallen am 24. September 1915 zu Beausejour in der Champagne

Soll ich dir nicht mehr schreiben, weil du es doch nicht liest?
Du tot? Ich fühle, wie du mir über die Schulter siehst
und liesest diese Worte – doch wend ich mich zu dir,
so bist du mir entschwunden. Dennoch bist du bei mir.

Du brauchst dich nicht zu schämen mit deinem blutigen Gesicht;
dein rotes Blut muß fließen, und helfen kann ich dir nicht.
Es fließt aus roten Wunden, seit man mir die Botschaft gebracht,
so hast du Tage und Nächte an meiner Seite verwacht.

Du saßest mit mir zum Essen – das Tischtuch – von Blut rot war das,
wir wanderten durch die Wiesen, das Blut, es tropfte ins Gras.
Du hieltest meine Hände, du ruhtest mir im Arm;
ich küßte dir in Träumen die kalten Lippen warm.

Nun willst du von mir gehn? Bleibe! Ich laß dich nicht,
geh weiter mit ins Leben und sei mein stumm Gericht.
Im frohen hellen Leben hast du mich Mein genannt.
Und lange warst du ferne. Komm, gib mir deine Hand!

»Ich bin in Gott vollendet, erlöst, zum Licht befreit.
Du hörst ja nicht mein Singen in Gottes Seligkeit –
du siehst mich blutend schweigen – den Leib sehnst du dir her,

du Mensch, du suchst und irrest – du bist ja erden-
schwer.

Und doch kannst du mich halten! In deiner Erden
Nacht
hat Gott ein herrlich Feuer, die Liebe, angefacht.
Liebst du die ewigen Dinge, umweht dich Gottes
Hauch,
und wo du Gott kannst finden, da findest du mich
auch.«

Erinnerung

In jener Nacht berannte mich ein Traum,
und selbst der grelle Tag verdrängte ihn mir kaum:
In glühnden Farben tanzen Bilderreigen,
das größte Fest mir immerdar zu zeigen.

Die Schützengräben. Alles sturmbereit:
Ein jeder hat sich weh dem Tod geweiht,
ein jeder schaut, starr äugend, aufs Gelände,
bebt auf in Qual und Wut, verkrampft die Hände.

Von fliegenden Geschossen rauscht ein Dach,
in eins gestoßen sind nun Schuß und Krach,
wie Trommeln wirbeln, dumpfe Donner hämmern:
Breitmäulig jagt der Tod, ein Löwe unter Lämmern.

Da – fern, am Hügel sehn wir Flämmchen gehn?
Entsetzen packt, die eben sie gesehn,
und wirft sie nieder auf des Grabens Sohle;
schon rauschts heran, ein grauseres Gejohle:

Des Feindes Artillerie: Zwei Höllenfürsten spein
sich Feuerfluten ins Gesicht hinein,
Giftgeifertropfen klopfen auf die Erde:
Ein Mensch fliegt auf, es flucht die Qualgebärde.

Mich haben Satansklauen in ein Bild gezwängt:
Christus, schmerztaumelnd geht, wo Judas hängt,
und schreit zum Vater: »Sieh, wie sich die Menschen
hassen,
mich willst du nicht noch einmal kreuzigen lassen?«

Er nimmt den Strick. Gott schweigt. Die Schlinge hängt
am Ast.
Noch einmal Christus schreit. – Dann schwankt die
Last

des Dulderleibes, der umsonst geblutet,
in Schlachtfeldmitten, wo die Hölle glutet.

Als hätten tausend glühende Zangen mich gepackt,
zerreißt mein Leib. Ich seh die Seele nackt
aus meinem schmerzerstarrten Körper fliegen,
um sich um Christus, unsern Herrn, zu schmiegen.

Hurra! Hurra! Hurra! Die Kameraden schrein.
– Zum Sturm? – In diesen Höllenpfuhl hinein? –
Es tanzt und singt und schreit in allen Gräben,
Knieende seh die Hände ich zum Himmel heben.

Nun hör ich auch, daß kein Geschütz mehr brüllt,
und fühl, wie sich mein Herz mit Jubel füllt,
zwei Worte aus dem wirren Wahnsinnsliede,
zwei Worte hör ich: »Waffenstillstand« – »Friede«.

Da aus den fernen Gräben stürmt das Heer
der Feinde: Sang und Jauchzen mehr!
Wir eilen hin in brennendem Verlangen,
umarmend küssen wir uns Mund und Wangen.

Aus Waffen und Tornistern, Schanzen, loht
ein Scheiterhaufen auf zum Himmelrot.
Wir sehn die Flammen und den Rauch hinziehen
mit unserem Beten. Alle auf den Knieen,

und hingesunken ist, was uns getrennt,
der ein' den andern Freund und Bruder nennt –
Mich löst kein Kampf mehr aus des Traumes Schlingen,
ich hör das Friedenslied die Kugeln singen.

Liebesopfer

Gebet

Herr, du hast sie erwählt,
die für uns mußten sterben;
daß wir nicht sollten verderben,
hast du sie mit deinem heiligen
Geiste, mit deiner Kraft sie gestählt.

Machtest sie heilandsgleich,
fülltest ihr Herz mit Qualen,
ihren Leib mit blutigen Malen
wie einst deinen heiligen Leichnam –
nahmst sie, o Herr, in dein Reich.

Ihr, die ihr erschlagen um uns,
euer Blut wird über uns kommen;
geht, betet, daß es uns wird frommen,
daß wir uns im Herzen erwerben
das Gut eures heiligen Tuns.

Herr, laß in Gnaden uns gehn,
daß sie nicht vergebens gelitten;
daß wir, was sie uns erstritten,
erhalten, auf daß uns in ihnen nicht später
gerecht furchtbare Rächer entstehn.

Der letzte Tag

Soll einer fallen, fühlt ers früh am Tag. –
Wenn kaum die Welt aus Nacht und Dunkel tritt,
gibt sie ihm alle Herrlichkeit noch einmal mit,
soviel die Seele fassen kann und mag.

Er staunt: ein Wunder! Wie die Welt verklärt
in dieser Schreckensstunde sich ihm schenkt und gibt.
Es dankt ihm alles, was er je geliebt.
Von neuem wird ihm alles Glück gewährt.

Das Glück aus Gott, aus Erde, Tag und Nacht –
o Sonne, die zum frohen Schaffen schien,
die süße Ruh, die Müden ward verliehn
in Lebenstagen, rasch und heiß vollbracht.

Und nun? Er fühlt wie Traum um sich den Tod.
Die andern sterben, doch ich – komm nach Haus.
Er lächelt tief, malt spätes Glück sich aus.
Am Himmel steigt und wächst das Morgenrot,

bis ihn die Sonne groß und heiß umwirbt!
Das volle Licht – ihn schauert. Geht – und lacht,
spricht mit Kameraden, bis der Kampf erwacht.

– – – – – –

Die Freunde wundern sich, wie schön er stirbt.

Brüder

Es lag schon lang ein Toter vor unserm Drahtverhau,
Die Sonne auf ihn glühte, ihn kühlte Wind und Tau.

Ich sah ihm alle Tage in sein Gesicht hinein,
und immer fühlt ichs fester: Es muß mein Bruder sein.

Ich sah in allen Stunden, wie er so vor mir lag,
und hörte seine Stimme aus frohem Friedenstag.

Oft in der Nacht ein Weinen, das aus dem Schlaf mich
trieb:
Mein Bruder, lieber Bruder – hast du mich nicht mehr
lieb?

Bis ich, trotz allen Kugeln, zur Nacht mich ihm genaht
und ihn geholt. – Begraben: – Ein fremder Kamerad.

Es irrten meine Augen. – Mein Herz, du irrst dich nicht:
Es hat ein jeder Toter des Bruders Angesicht.

Die toten Soldaten

I

Wenn einen Kameraden eine Kugel trifft und er fällt
hin,
dann müssen die andern marschieren und weiterziehn.
Dürfen nicht bleiben stehn und nicht nach ihm sehn,
müssen weiter und immer weiter gehn.
»Weiter« dröhnt im Schreiten das rauhe Komman-
dowort,
treibt sie hinter dem fliehenden Feinde fort.

Soldatenblut, Kameradenblut ist nimmer allein,
immer müssen bei Soldaten Kameraden sein.

Und ehe er ganz verlassen und einsam stirbt,
sein suchender Blick um Menschen, um Freunde wirbt.
Dann kommen die Geister der toten Kameraden herbei,
die nicht schlafen können beim Schießen und Kriegsge-
schrei.
Und stehen ihm bei: Einer hebt sein Gesicht,
daß er noch einmal sieht der Sonne schönes Licht.
Einer löst ihm vom Rücken den Tornister schwer,
einer holt ihm die entfallenen Waffen her.
Kniend um ihn herum, von Waffenbrüdern ein Kreis,
lauschen sie ferner Schlacht, beten und singen leis.
Wenn dann aus seinem Herzen der letzte Tropfen
fließt,
einer seine gebrochenen Augen schließt.
Seine Seele steigt aus dem Körper heraus,
sieht wie ein strahlender Cherub aus.
Schwebend zur Höhe, umschließen sie liebend ihn,
folgend den streitenden Heeren, kreisen sie darüber
hin.

Die toten Soldaten

II

Nun gehen die toten Soldaten wie Geister um in der
Nacht.
Sie haben auf alle Herzen, die kämpfen und ringen,
acht.
Sie schweben um Häuser und Hütten und schaun in
die Seelen hinein
und kehren bei allen Menschen, die leiden und traurig
sind, ein.

Sie finden die Eltern, Geschwister, denen ihr Glück
verdarb,
als ihnen Sohn und Bruder den Tod vorm Feinde starb:
Sie sagen ihnen, wie glücklich die toten Soldaten sind,
weil ihnen in Gott gelohnet die harten Taten sind.

Und finden sie eine Seele, die bangt um Deutschlands
Glück:
Dann weisen sie ihr die Zeiten und hellen ihr den Blick.
Sie weisen ihr Gottes Erbe, gehalten durch deutsche
Kraft,
und zeigen ihr die Stärke, durch die Gott Helden
schafft.

Und finden sie die verfluchten Krämerseelen im Land,
die Gold aus Herzblut münzen, aus Tränen Reichtum-
stand,
die möchten sie erwürgen und zeigen einen Traum,
wie sie als Leichen faulen an einem Galgenbaum.

Sie möchten in Schlangen verwandeln die Schätze aus
ihrem Tun,
mit Totengebeinen füllen das Lager, worin sie ruhn.
Mit abgeschossenen Händen ausschmücken Tisch und
Saal,

zerrissene Körper geben statt Fisch und Fleisch zum
Mahl.

– – – – – –

Sie gehn in die Lazarette und trösten die Brüder im
Leid,
und danken den guten Frauen, die ihnen sich liebend
geweiht.
– Es gehen die toten Soldaten zur Nacht herum im
Land,
wohl dem, der reinen Herzens ihnen reichen darf die
Hand.

Die toten Soldaten sprechen

Wir schworen einst im Frieden dem Kaiser einen Eid,
der uns für alle Zeiten dem Vaterland geweiht.
Wenn jetzt auch unser Leichnam in kühler Erde liegt,
der Geist sich über allem im Weltenraume wiegt.
Wir können nicht verderben in enger Todeshaft,
es ist in uns lebendig des deutschen Geistes Kraft;
wenn die Kommandos klingen, ists aus mit unserer
Ruh,
wir eilen hin und treten den Kameraden zu;
wenn sie zum Sturme stehen, dann sind wir all dabei:
Die tapfern Fußsoldaten, die edle Reiterei –

Solang die Millionen tun ihre schwere Pflicht,
vergessen die Soldaten die Kameraden nicht.

Wir Toten, große Heere, von Rußlands weitem Feld,
von Belgien, den Vogesen, von Vlanderns sandiger
Welt,
wir Sieger von Antwerpen, von Lüttich und Namür,
wir von Maubeuge, wir sprengten des Franzenreiches
Tür;
wir, die von der Champagne, Argonnen, Priesterwald,
Ukraine, den Karpathen, Galizien – hergewallt
kommen die Legionen – unhörbar ist ihr Schritt,
wir tragen Siegeskränze und kämpfen, streiten mit.
Wir schworen einst im Frieden dem Kaiser unsern Eid,
der uns für alle Zeiten dem Vaterland geweiht.

Der Posten

Die toten Soldaten schlafen nicht ein,
müssen immer bei ihren Brüdern sein.

Über der Stellung dunkelt die Nacht,
die Müden schlafen, der Posten wacht.
Er lehnt in der Scharte der Schulterwehr
und sieht übers graue Gelände her.
Starr lehnt er an des Grabens Rand,
äugend und lugend unverwandt
über das Feld. Alles ist still.
Heute kein Feind angreifen will.

Da wird ihm das Feld zur Heimat Raum,
mit lockenden Bildern bezwingt ihn ein Traum.
Die Augen hält er starr aufgezwängt,
doch hat ihm die Sehnsucht den Blick verhängt,
er sieht, er sieht:

Die Lampe erhellt
sein Gemach. Seine Geige hält
selig seines Herzens Gewalt,
und Ton um Ton in die Nacht verhallt.
Erdennot fließt in der Töne Gebraus,
Menschenglück – Herz, so singst du dich aus?
Und es rauscht und bebt und zittert und klingt,
Seligkeit durch die Saiten schwingt.

Am Fenster steht sein Weib und lauscht,
vom Mondschein umflutet, von Tönen umrauscht,
und stürmisch legt er die Geige hin:
O du – Geliebte, wie dem ich bin! –
Und bettet den Kopf in ihr Haar hinein, –

»Kamerad, du, auf Posten! Schlafe nicht ein –«
»Wer ist da? – Wo?« – »Kamerad, sieh dort,
schleicht da nicht eine Patrouille fort?
Nein – laß. – Aber, schlafe nicht ein,
du sollst ja Hüter der andern sein!«
»Wo bist du, Kamerad? Ich sehe dich nicht!«
– Stille – »Wer ist es, der zu mir spricht?«

Es ist ihm, als schwebe ein bläulicher Schein
über den Graben. Er steht allein,
gelehnt an die hohe Schulterwehr,
und späht übers graue Gelände her.
Hoch klopft sein Herz. »Das war an der Zeit!
Wie schnell ist man doch zu Träumen bereit.«

Die toten Soldaten, die schlafen nicht ein,
müssen immer bei ihren Brüdern sein,
sie schweben und wandeln die ganze Nacht
und halten über den Brüdern die Wacht.

Die Erde singt

Menschen, meine Kinder, ihr in Schlacht und Kampf,
wie ihr würgt und windet durch den blutigen Krampf.
Aus mir seid ihr, wieder zu mir her kommt ihr,
nimmt euch Gott die Seele, bergt ihr euch in mir.
Für euch alle, Menschen, bin ich aufgeblüht.
ihr habt mich zu fassen immer euch bemüht,
Jetzt reißt ihr euch in Schrecken um mein buntes Kleid,
ich bin eure Liebe, ich bin euer Neid,
ich bin eure Mutter, muß euch lassen gehn,
laß das Ungeheure all auf mir geschehn,
bis ihr selber euren Haß ertränkt in Blut,
Neid in Schmerz und Trauer, erst dann seid ihr gut.

Wieviel tausend Jahre stets dasselbe Spiel,
nur die Völker wechseln, ewig bleibt das Ziel –
Menschen, meine Kinder, Menschen, klein und groß,
ich bin eure Mutter, kommt in meinen Schoß.

Massengräber

liegen in der Einsamkeit der Heide im Niederland.
Dunkle Tannenwälder stehen von ferne, die Heide ist
braun und der Sand ist weiß. Der hellblaue Himmel
steht hoch über zerschossenen, verlassenen Dörfern.

Aber Wolken ziehn tiefer vorüber, weiße und graue
Wolken, segeln vorbei. Ihre Schatten huschen herab, als
grüßten sie die Toten darunter von Kameraden, die im
Meere auf den Wellen treiben oder liegen hergetrieben
am einsamen Strand.

Massengräber liegen verstreut über Land. Vögel selte-
ner Art, mit langen, schwebenden Flügeln, kreisen dar-
über, Vögel mit schwarzem Gefieder und roten Brüs-
ten, trauernde, liebende, suchende Sehnsuchtsstunden
einsam Liebender in der Heimat.

Sie singen das Klagelied der Mütter und Bräute, der
Männer und Kinder um die stolzen Helden, die Helden
der Liebe und Pflicht. Singen es, suchend von Massen-
grab zu Massengrab, ohne Unterlaß, Tag und Nacht.

Kaum berühren ihre unmächtigen Füße, schmale un-
tüchtige Füße der Sehnsucht, die Erde; zum Rasten sind
sie nicht geschaffen.

Schwarz sind die Augen, glänzen wie Perlen, die von
Tränen geworden sind.
Aus ihrer zerrissenen Brust leuchtet das rote zuckende
Herzchen aus dem Metall der Federn.

So fliegen und kreisen sie über die Länder, über die
Meere.
Selten, nur selten klingt ein silberner Schrei auf,
schmerzlichen Glückes voll: Ein Vogel findet seiner

Liebe Ziel; wenn das Blut aus dem Herzen quillt, weiß
er, da, wo es quoll, liegt seine Liebe.

Noch einmal singt er das Lied zu Ende, das Lied der
Unbekannten, der vielen; immer roter rauscht der Blut-
strom aus dem Herzen und dringt in die trockene, ge-
borstene Erde hinein.
Ein schwarzes Kreuz, liegt der sterbende Vogel mit
breiten Schwingen, den Kopf erhoben, auf dem Grabe.

Leiser wird das Lied, nun singt es von Wunden und
Sterben, von Wiedersehn und Auferstehn, bis das Lied
und der Vogel erstirbt.
Und in der Heimat trocknet eine schmerzgestärkte
Mutter die letzten Tränen ab.

Abschied aus dem Lazarett

Schenk ein uns, mein Bruder, noch einmal schenk ein:
Bald werden wir nicht beieinander mehr sein.
Uns Kriegskameraden von Osten und Westen
blühten Blutrosen aus Todestanzfesten.
Das Fleisch ist verheilt und die Knochen sind ganz,
jetzt braucht man uns wieder zum blutigen Tanz;
ade, Sachs, Bayer, Marker, ade Schwab, Hesse, Preuß;
nach Frankreich und Rußland geht unsere Reis'.

Wie gut war das Futter, das Bett war so weich!
Kein Schuß, Krach, Hieb, Stich – und das macht uns so
reich;
wie oft sprachen wir von den Siegen und Schlachten,
und von den Granaten, die stille Leute machten!
Wenn wir jetzt nun wieder im Feindland rumgehn,
können wir uns die blühenden Gräber besehn;
schenk ein drum, mein Bruder, noch einmal schenk ein:
dies überleben, die trinken den Wein!

Schenk ein uns, mein Bruder, noch einmal schenk ein:
Die Brüder im Felde erwarten uns fein.
Sie können nicht in blinden Rotten marschieren,
Soldaten marschieren zu vieren und vieren.
Der Feldwebel gibt die Patronen uns her,
der macht uns den Affen noch einmal so schwer.
Wir geben den Brüdern da draußen die Hand,
erzählen viel Schönes von Leuten und Land.

Und eh wir nun scheiden, leb wohl Lazarett,
die frommen Pflegbrüder, die waren so nett!
Der Stabsarzt hat uns schon den Paß ausgeschrieben,
sagt: »Morgen, Kameraden! Und heil mir geblieben!«
Ihr Leute im Städtchen, wir ziehn in die Fern,
die andern, die bleiben, – auch die rauchen gern –
die Brüder im Felde, die wünschen uns her:
Drum fällt uns von keinem der Abschied nicht schwer!

Die Mutter Gottes im Schützengraben

Muttergottes, ich denke daran, wie dich damals die
Menschen so schmählich verlassen,
als du nach Bethlehem mußtest gehn, um dich an-
schreiben zu lassen.
In diesem Jahr, so bitt ich dich, kehr ein bei uns, in un-
serem Schützengraben
sollst du den besten und wärmsten Unterstand haben.

Auch braucht der heilige Joseph sich nicht um Essen
und Trinken zu sorgen,
denn unsere Küche und die Feldpost kommen am frü-
hesten Morgen.
Alles, was wir haben, wollen wir euch so gerne geben,
wir stellen eine Wache vor eure Tür und schützen euch
mit unserem Leben.

Das werden wir tun, du brauchst keine Angst vor uns
zu haben,
wir sterben für unsere Frauen, lieben unsere Mütter
und beten für unsere Knaben,
wir leben ja immer und ganz in deinem heiligen Got-
tessohne,
auch unsere Seele trägt der Liebe schmerzliche Dor-
nenkrone.

Wir hassen nichts mehr, kennen keinen Neid, wissen
nichts mehr von Wollust und elenden Lügen,
uns kann der Teufel nicht mehr mit höllischen Listen
betrügen,
wenn wir auch singend unsere Feinde töten, die wir
wie böse Brüder lieben –
es ist deines Sohnes Gebot. Auch sind wir Gott sonst
nichts schuldig geblieben.

O Mutter Gottes, wenn du kommst, wir falten um die
Gewehre betend die Hände,

denn du bringst uns den König des Friedens, der macht
allen Leiden ein Ende,
wir vertrauen auf dich so sehr, denn du und dein Sohn
werden den Frieden uns bringen.
Unsere Seelen werden vor Glück schöner als damals
die himmlischen Heerscharen singen.

Und in der heiligen Nacht – dann werden die Gewehre
in unserer
Hand zu grünen Zweigen, daran die Patronen wie Blü-
ten blinken,
die Granaten zu singenden Vögeln, die Geschütze wer-
den tief in die Erde versinken.
Und du machst, daß den Führern der Feinde der Haß
wird aus den Herzen genommen,
daß die Gelben, Schwarzen und Weißen, wie die heili-
gen drei Könige, anbetend zu dir kommen.

O Mutter Gottes, du kannst ja nicht in die prächtigen
Häuser der Reichen gehen,
komm du nur zu uns, wir können die große Gottesliebe
verstehen.
Du willst ja nur die Armen, Reinen und Frommen, nur
liebende Menschen um dich haben:
O Mutter Gottes, dann komm zu uns, zu uns in den
vordersten Schützengraben.

Über tredition

Eigenes Buch veröffentlichen

tredition wurde 2006 in Hamburg gegründet und hat seither mehrere tausend Buchtitel veröffentlicht. Autoren veröffentlichen in wenigen leichten Schritten gedruckte Bücher, e-Books und audio-Books. tredition hat das Ziel, die beste und fairste Veröffentlichungsmöglichkeit für Autoren zu bieten.

tredition wurde mit der Erkenntnis gegründet, dass nur etwa jedes 200. bei Verlagen eingereichte Manuskript veröffentlicht wird. Dabei hat jedes Buch seinen Markt, also seine Leser. tredition sorgt dafür, dass für jedes Buch die Leserschaft auch erreicht wird.

Im einzigartigen Literatur-Netzwerk von tredition bieten zahlreiche Literatur-Partner (das sind Lektoren, Übersetzer, Hörbuchsprecher und Illustratoren) ihre Dienstleistung an, um Manuskripte zu verbessern oder die Vielfalt zu erhöhen. Autoren vereinbaren direkt mit den Literatur-Partnern die Konditionen ihrer Zusammenarbeit und partizipieren gemeinsam am Erfolg des Buches.

Das gesamte Verlagsprogramm von tredition ist bei allen stationären Buchhandlungen und Online-Buchhändlern wie z. B. Amazon erhältlich. e-Books stehen bei den führenden Online-Portalen (z. B. iBookstore von Apple oder Kindle von Amazon) zum Verkauf.

Einfach leicht ein Buch veröffentlichen: **www.tredition.de**

Eigene Buchreihe oder eigenen Verlag gründen

Seit 2009 bietet tredition sein Verlagskonzept auch als sogenanntes "White-Label" an. Das bedeutet, dass andere Unternehmen, Institutionen und Personen risikofrei und unkompliziert selbst zum Herausgeber von Büchern und Buchreihen unter eigener Marke werden können. tredition übernimmt dabei das komplette Herstellungs- und Distributionsrisiko.

Zahlreiche Zeitschriften-, Zeitungs- und Buchverlage, Universitäten, Forschungseinrichtungen u.v.m. nutzen diese Dienstleistung von tredition, um unter eigener Marke ohne Risiko Bücher zu verlegen.

Alle Informationen im Internet: **www.tredition.de/fuer-verlage**

tredition wurde mit mehreren Innovationspreisen ausgezeichnet, u. a. mit dem Webfuture Award und dem Innovationspreis der Buch Digitale.

tredition ist Mitglied im Börsenverein des Deutschen Buchhandels.

Dieses Werk elektronisch lesen

Dieses Werk ist Teil der Gutenberg-DE Edition DVD. Diese enthält das komplette Archiv des Projekt Gutenberg-DE. Die DVD ist im Internet erhältlich auf **http://gutenbergshop.abc.de**

FSC
www.fsc.org
MIX
Papier | Fördert
gute Waldnutzung
FSC® C083411

Zeitfracht Medien GmbH
Ferdinand-Jühlke-Straße 7
99095 Erfurt, Deutschland
produktsicherheit@kolibri360.de